DAS BUCH DER
ZAUBER
SPRÜCHE

gesammelt und niedergeschrieben von

Maja Sonderbergh

W0040282

vgs
EGMONT

Bibliografische Information der Deutschen Nationalbibliothek
Die Deutsche Nationalbibliothek verzeichnet diese Publikation
in der Deutschen Nationalbibliografie; detaillierte bibliografische
Daten sind im Internet über http://dnb.d-nb.de abrufbar.

14. Auflage © 2008 vgs
verlegt durch EGMONT Verlagsgesellschaften mbH,
Gertrudenstraße 30-36, 50667 Köln
Alle Rechte vorbehalten

© des ProSieben-Titel-Logos mit freundlicher Genehmigung der
ProSieben Television GmbH

Lektorat: Alexandra Panz
Produktion: Angelika Rekowski
Umschlaggestaltung: Sens, Köln
Satz und Layout: so.wie?so!, Köln/Karen Kühne, Köln
Druck: Clausen & Bosse, Leck
ISBN 978-3-8025-2493-6

www.vgs.de

Zaubersprüche in deinem Alltag – Warum?

Zaubern kann jeder!
Man muss nur wissen, wie.

Wenn du eine Hexe sein willst, musst du die Kunst der Zaubersprüche beherrschen. Und das ist gar nicht so kompliziert, wie du vielleicht meinst. In diesem Buch der Zaubersprüche werde ich dir alle Regeln beibringen, die du beherrschen musst, um deinen Alltag magisch im Griff zu haben.

Zaubersprüche sind nichts Abgehobenes, losgelöst von deiner Realität mit Familie, Freunden und Schule. Im Gegenteil: Sie haben mit deinen Alltagsproblemen zu tun. Sie helfen dir, mit all deinen täglichen und nichtalltäglichen Schwierigkeiten besser fertig zu werden. Sie helfen dir, dich selber kennen zu lernen, deine Umgebung zu verstehen und deine magischen Energien zu entdecken.

In meinem ersten Buch, dem Buch der Schatten, habe ich dir geholfen, eine Hexe zu werden. Jetzt zeige ich dir, wie du deine Kräfte anwenden kannst. Und wie du sie weiterentwickelst, indem du deine eigenen Zaubersprüche schreibst. Denn auch alle alten Sprüche sind irgendwann einmal zum ersten Mal von einer Hexe verfasst worden, die nach einer wirksamen Lösung für ihr persönliches Problem gesucht hat. Und wer weiß... Wenn dein Zauber gut ist, wirst du ihn vielleicht im nächsten Buch der Zaubersprüche wiederfinden und ihn so allen anderen Hexen weitergeben. Schick einfach deinen Zauberspruch an mich:

hexe-maja@vgs.de

Deine Maja

Die 13 Regeln einer guten Hexe

Im Folgenden werde ich die Regeln auflisten, die eine moderne Hexe genau befolgen sollte. Lies sie dir aufmerksam durch und versuche dabei, jede dieser Regeln mit Inhalt zu füllen.

Tu, was du willst, und schade keinem

Dies ist unsere oberste Regel. Hexen heißt, seinen Willen um- und durchsetzen. Aber nur so lange, wie kein anderer Schaden nimmt. Man könnte auch so sagen: Deine Freiheit endet dort, wo die des anderen beginnt. Bevor du zauberst, solltest du dir immer genau über die Konsequenzen im Klaren sein, die eintreten, wenn dein Zauber wirksam wird. Denn denke daran: Alles, was du tust, fällt dreifach auf dich zurück. Auch das Schlechte!
Übrigens: Die Regel bezieht dich mit ein. Falls du mit einem Zauber dir selber langfristig schaden könntest, darfst du ihn nicht durchführen.

Sei immer ehrlich zu dir selbst

Diese Regel ist grundlegend. Nur so kannst du deine Stärken und Schwächen kennen lernen. Denn nur wer seine Grenzen genau kennt, kann seine magische Energie leiten und kontrollieren. Wenn du mit Zaubersprüchen arbeitest, wirst du immer stärker deine individuelle Energie entdecken und vor allem weiter entwickeln. Denn dies ist das Geheimnis aller Zauberei: Energie nach seinem eigenen Willen lenken. Wenn du deine eigene Persönlichkeit dabei außer Acht lässt, passiert dies unkontrolliert und stellt damit eine Gefahr für dich und deine Umwelt dar. Menschen, die ihre Grenzen nicht kennen, sind gefährlich. Dies musst du dir immer vor Augen halten!

③ BEHERRSCHE DIE REGELN DEINER HEXENKUNST

Die Zauberkunst hat ihre Regeln. Sie ist keine Spielerei, sondern beruht auf althergebrachtem Wissen. Dieses Wissen sollst du dir stetig aneignen und nicht in deinen Bemühungen nachlassen. Oberflächliches Wissen ist unbrauchbar – ja, sogar gefährlich!

④ LERNE DEIN LEBEN LANG. SEI IMMER NEUGIERIG AUF NEUES

Denke nie, du kannst schon alles! Du sollst dich immer wieder neu mit deiner Hexenkunst auseinander setzen. Leben heißt Lernen. Sei nicht verschlossen, sei neugierig und offen für Neues. Um Wissen muss man sich bemühen, es fällt einem nicht zu. Du wirst Geduld und Ausdauer brauchen.

⑤ WENDE DEIN WISSEN WEISE AN

Weisheit ist ein großes Wort. Niemand wird weise geboren, und sicher denkst du dir, dass du niemals zur Weisheit gelangen wirst. Die Technik der Zaubersprüche allein wird dir nichts nützen. Du musst auch wissen, wann und in welchen Zusammenhängen du sie anwenden kannst. Weisheit hat nicht nur mit Intelligenz zu tun, das Gefühl für das Richtige muss hinzukommen. Bei einer guten Hexe paart sich Wissen mit Weisheit.

⑥ FINDE DEIN INNERES GLEICH-GEWICHT UND LEBE DANACH

Wie kannst du sicher sein, dein inneres Gleichgewicht gefunden zu haben? Wenn du eine Balance zwischen Intellekt, Gefühl und Körperlichkeit gefunden hast. Du sollst dich nicht nur auf Schule

und Studium konzentrieren, sondern dich gleichzeitig mit deinen Freunden treffen und Sport treiben. Nur wenn du ein Gefühl für dein inneres Gleichgewicht gefunden hast, wirst du offen sein und ein Gespür für Störungen entwickeln können – eine wichtige Voraussetzung für das Wahrnehmen von Energien.

UNTERSCHÄTZE NIE DIE KRAFT DES WORTES

Eine Hexe darf diesen Fehler niemals begehen. Wenn du dir vor Augen hältst, dass ein großer Teil unserer Kraft in den Worten liegt – in Zaubersprüchen und in der Begleitung der Rituale –, wirst du verstehen, dass eine Hexe nie unbedacht plaudern sollte. Das Wort hat eine besondere Kraft, es kann befreien, anstoßen und verändern, aber auch verletzen und zerstören.

LERNE, DICH ZU KONZENTRIEREN

Im Mentalen liegt die große Stärke einer Hexe. Hier gibt sie ihrer Energie den Anstoß und dirigiert ihre Kraft. Nur wenn du lernst, dich zu konzentrieren, kannst du deine Energie nach deinem Willen lenken.

LEBE IM EINKLANG MIT DER NATUR

Hexen leben nach den Regeln der Natur. Rituale und weiße Magie werden vom Rhythmus der Natur bestimmt und geprägt, von Mondphasen und den vier Jahreszeiten. Modernes Hexentum definiert sich über diese Nähe. Wenn du deine eigenen Zaubersprüche schreibst, wirst du genau auf die Natur zu achten lernen, denn jeder Spruch arbeitet mit ihren besonderen Kräften.

⑩ RESPEKTIERE DEINE UMWELT

Das menschliche Wesen ist dazu bestimmt, ein Leben in Freude und Liebe zu führen, nicht in Ärger und Hass. Du sollst bei jedem Zauberspruch darauf achten, dass er nicht durch negative Gefühle gegenüber deiner Umwelt motiviert ist. Denke immer an unser oberstes Gebot: Tu, was du willst, aber schade niemandem. Nur wenn du deine Umwelt, deine Familie, Freunde und Bekannten wirklich respektierst - ihre Art zu leben, ihre Wünsche, ihre Träume, ihre Stärken und Schwächen -, kannst du dieses Gebot tatsächlich befolgen. Denn da, wo die Freiheit des anderen beginnt, endet deine eigene!

⑪ ACHTE AUF DEINE GESUNDHEIT

Dies ist eine zentrale Regel. Dein Körper ist ein Heiligtum! Er ist Teil der Natur. Deine mentale Kraft ist eng mit deiner körperlichen Kraft verbunden. Es gibt keine Teilung. Nur wenn dein Körper gesund ist, wird auch dein Geist gesund sein. Zaubersprüche und Rituale solltest du nicht durchführen, wenn du krank bist oder dich schlecht fühlst.

⑫ MEDITIERE

Durch Meditation bündelst du deine mentale Energie. Nur durch die Bündelung kannst du deine Kraft gezielt einsetzen. Zu eng darfst du die Meditation aber auch nicht sehen. Nimm dir einfach jeden Tag ein wenig Zeit, um deine Gedanken schweifen zu lassen, ohne Ablenkung und Zerstreuung. Dann wirst du mit der Zeit von ganz allein zu einer echten Meditation kommen.

⑬ EHRE DIE KRÄFTE DER NATUR

Für viele von uns sind dies die alten Naturgötter, die in der weißen Magie eine große Rolle spielen. Oft werden diese Götter in Ritualen angerufen, um ihre Energien zu aktivieren und ihre Unterstützung zu beschwören. Du solltest dir einfach im Klaren darüber sein, dass du mit alterhergebrachtem Wissen arbeitest und eine Kunst erlernen möchtest, die Jahrtausende alt ist.

Schreibe dir diese Regeln auf ein Blatt Papier oder kopier dir diese Seiten und hänge sie an die Wand deines Zauber-Zimmers, am besten in die Nähe deines Altars. So hast du sie beim Schreiben deiner eigenen Zaubersprüche immer vor Augen.

DIE 10 HÄUFIGSTEN FRAGEN,

DIE MIR ZU ZAUBERSPRÜCHEN GESTELLT WERDEN

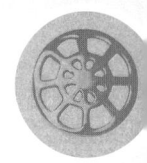

WARUM GIBT ES ÜBERHAUPT ZAUBER-SPRÜCHE? WELCHE FUNKTION HABEN SIE FÜR UNS HEXEN?

Zaubersprüche sind DAS zentrale Mittel für uns Hexen, unsere Energien zu transportieren und zu dirigieren. In magischen Handlungen entwickeln wir eine positive Kraft, setzen sie frei und konzentrieren sie auf das von uns gewählte Ziel. Das ist nicht einfach! In deinem Leben als Hexe wirst du immer wieder neu lernen müssen, deine Energien richtig einzusetzen.

Wir haben alle diese magischen Energien in uns, die meisten Menschen wissen sie jedoch nicht zu nutzen. Wir müssen erst wieder lernen, uns auf diese verschütteten Energien zu konzentrieren. Die Hexenkunst der Zaubersprüche lehrt dich, deine Kräfte zu beherrschen. Die Hexenwerkzeuge dienen uns dabei oft als Träger der Energien.

Doch vor jeder magischen Handlung musst du dir zuerst über deine Absichten, deinen wahren Willen, klar werden. Nur mit einem deutlichen Ziel vor Augen kannst du deine Energien richtig und wirksam leiten. Ohne klar definiertes Ziel wird jede Magie gefährlich!

Zaubersprüche helfen uns dabei, unseren Willen zu definieren. Indem wir versuchen, die richtigen Worte zu finden, werden wir uns aller Unsicherheiten und Unklarheiten bewusst. Oft war ich mir sehr sicher, genau zu wissen, was ich mit einer magischen Handlung erreichen wollte. Ich hatte mir alle Fragen gestellt, die man sich vor jedem Zauberspruche stellen sollte (siehe S. 88 ff.). Ich hatte die passenden Kerzen in den passenden Farben gefunden, ich hatte die passenden Steine gesammelt, die passende Mondphase ausgesucht und wusste, welche Elemente ich zu meiner Unterstützung anrufen wollte. Wenn ich dann aber auf die Suche nach den passenden Worten für meinen Spruch ging, fand ich sie nicht. Nichts wollte so recht ausdrücken, was ich mir tatsächlich von meinem Spruch erhoffte. Dies ist ein Zeichen! Ich hatte mich auf oberflächliche Wünsche eingelassen, die mir den Blick auf das Wesentliche, meinen wahren Willen, verstellten.

So etwas passiert mir übrigens auch heute noch. Niemand ist gegen Irrtümer gefeit. Die Suche nach persönlichen Zielen, nach einem eigenen, individuellen Willen ist schwer und langwierig! In einem solchen Falle musst du wieder von vorne beginnen. Ganz einfach.

Zaubersprüche helfen uns, unsere Ziele zu visualisieren. Kreative Visualisierung ist sehr wichtig bei magischen Handlungen. Du musst das, was du erreichen möchtest, klar und deutlich vor dir sehen. Die Ergebnisse deiner magischen Handlungen musst du dir vorstellen können, damit die von dir freigesetzte Energie auch richtig geleitet werden kann. Worte helfen uns, unseren Gedanken und Gefühlen eine Form zu geben. In einigen philosophischen Lehren heißt es auch, dass man das, was man nicht in Worte kleiden kann, auch nicht fühlen kann. Das heißt, erst wenn du die richtigen Worte für das finden kannst, was dich bewegt, kannst du die Energie finden, die notwendig ist, deine Wünsche zu realisieren und deine Ziele zu erreichen. Unterschätze nie die Macht der Worte! Intuition ist für uns Hexen von sehr großer Bedeutung, doch erst die Worte schaffen die Brücke zur Tat. Und du willst ja gerade mit der Hexerei etwas erreichen, dein Leben selbst in die Hand nehmen und nicht in Passivität verharren!

Zaubersprüche sind Träger deiner Energie. Durch die Worte – die du später in deinen eigenen Sprüchen auch selber gewählt hast – schlägst du die Brücke zur Realität. Mit Zaubersprüchen verbindest du alle Elemente, die an deiner magischen Handlung beteiligt sind – Farben, Materialien, Symbole, Zeiten –, und bündelst ihre Energien auf dein Ziel hin. Gleichzeitig gibst du deinen rituellen Handlungen einen Rahmen, in dem sie erst ihre Bedeutung entfalten können. Einen Kreis ziehen kann jeder. Erst verbunden mit den richtigen Worten und damit der richtigen Energie bekommt der magische Zirkel seine Schutzfunktion für alle deine magischen Handlungen.

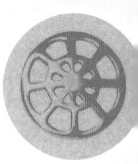

Schon in der antiken Mythologie spielen Zauberinnen und Hexen eine große Rolle. Medea, die schöne Königstochter von Kolchis, soll Jason Unverwundbarkeit herbeigehext und den Wächter des Goldenen Vlieses mit Zauberformeln eingeschläfert haben. Schon damals tat sie dieses mit Hilfe von Kräutern, die sie mit Zauberworten besprach. Und schon damals wurde die Kraft der Worte durch ein dreimaliges Wiederholen verstärkt. Du weißt ja, die Zahl drei ist eine magische Zahl und aktiviert unsere magische Energie. Zudem solltest du dich an unsere Grundregel erinnern: Alles, was du aussendest, kommt dreifach zu dir zurück.

Hexen und Zauberer zeichneten sich schon immer durch eine besondere Kenntnis der Natur und ihrer Regeln aus. Sie lebten im Rhythmus des Mondes, der Jahreszeiten, des Tagesverlaufs und waren vor allem in der Heilkunde sehr bewandert. Deshalb ist es auch für eine moderne, junge Hexe von heute sehr wichtig, die Natur besser kennen zu lernen und vor allem die Kräuterkunde nutzen zu wissen. Auch in der Antike kannte man viele Heilzauber. Medizin und Zauberspruch lagen oft nahe beieinander.

Die magische Formel ABRACADABRA kennst du sicherlich schon. Sie wird schon lange als allgemeine Formel für die Abwehr von Unheil genutzt. Zum ersten Mal finden wir sie bei einem Mediziner, Quintus Serenus, der wahrscheinlich um 200 vor Christus gelebt und ein lateinisches Rezeptbuch verfasst hat. Er sagt, die Formel solle man so lange wiederholen und dabei immer einen Buchstaben mehr weglassen, bis nur noch ein Buchstabe übrig bleibt. Wie das Wort kleiner wird, so soll auch das Unheil langsam verschwinden. Dann sei der Schutz aufgebaut. Versuche es einmal und baue diese Formel in deine Zaubersprüche ein! Du kannst dieselbe Vorgehensweise auch bei anderen zentralen Worten deines Zauberspruches anwenden.

Du siehst also, Zaubersprüche sind schon seit der Antike mit der Hexenkunst verbunden und werden seitdem überliefert, verändert, angepasst und neu erfunden.

Welche Worte Medea allerdings genau sprach, ist uns nicht überliefert. Sicher waren sie sehr machtvoll, denn der Zauber wurde wirksam. Ovid sagt uns nur:

> „Verbaque ter dixit placidos facientia somnos,
> Quae mare turbatum, quae concita flumina sistunt…"

Übersetzt heißt dies:

> „Dreimal sprach sie Worte, die friedlichen Schlaf bereiten, die das tobende Meer und reißende Flüsse zum Stehen bringen."

❸ GIBT ES FESTE REGELN FÜR DIE WIRKSAMKEIT VON ZAUBERSPRÜCHEN?

Ja, die gibt es. Du bist frei in der Auswahl deiner Worte und der Formulierung. Du kannst selber wählen, ob es ein kurzer Satz oder sogar nur ein einziges Wort ist, das deinen Willen ausdrücken soll, oder ob du eine ganze Geschichte erzählen möchtest. Du kannst Gegensätze aufzeigen (es soll nicht wie dies oder jenes sein) oder eine Idealvorstellung formulieren (das soll es sein). All das kann dir niemand vorschreiben. Je persönlicher dein Zauberspruch ist, desto besser seine Wirkung.

Dennoch bist du an die Regeln einer guten Hexe gebunden. Die wichtigste ist: Tu, was du willst, und schade keinem! Dies bezieht sich nicht nur auf deine Umwelt, sondern schließt auch dich selbst mit ein. Du sollst nicht nur Schaden von deiner Familie, deinen Freunden und Bekannten abwenden, sondern auch dir selber nicht schaden. Diese Regel ist oft gar nicht so einfach zu befolgen!

Des Weiteren musst du dich in deinem Hexenwerkzeug gut auskennen. Es ist wichtig, dass du die Objekte, die deine Energien transportieren sollen, richtig auswählst. Eine rote Kerze gehört eben zu einem Liebeszauber, eine blaue wird dir da nicht weiterhelfen!

Du musst wissen, wie du dich auf ein magisches Ritual vorbereitest. Du musst wissen, wie du einen magischen Kreis ziehst, um deinen Zauberspruch in diesem Schutzkreis in Ruhe sprechen und ausführen zu können.

Und – ganz wichtig – du musst auf dein Ziel und deinen wahren Willen konzentriert sein. Nur durch diese Konzentration kann deine Energie gebündelt werden und dein Spruch seine volle Wirkung entfalten.

Du musst also deinen Zaubersprüchen den richtigen Rahmen geben – mental und physisch –, damit die Worte erst eine magische Energie bekommen. Und dieser Rahmen (Werkzeuge, Kräuter, Farben, rituelle Handlungen) hat seine Regeln.

Aber keine Sorge, das alles wirst du in unserem Workshop lernen.

Hat jede Hexe ihre eigenen Zaubersprüche?

Zaubersprüche werden von Hexe zu Hexe überliefert. Oft gibt eine Mutter oder Großmutter ihr Wissen an ihre Tochter oder Enkelin weiter, wenn sie weiß, dass diese sich für Zauberei interessiert und bereit ist, ihre Hexenkraft zu entwickeln. Jede Hexe hat ihr eigenes Buch der Schatten, in dem sie ihre Sprüche, Rituale und Erfahrungen niederschreibt. Dieses Buch ist sehr persönlich, und wenn sie es weitergibt, bedeutet das sehr viel.

Es gibt sehr alte Zaubersprüche, die von Generation zu Generation weitergegeben werden. Sie haben ihre Kraft seit Jahrhunderten nicht verloren. Wenn du von ihnen erfährst, solltest du ihre Anweisungen zuerst genau befolgen. Achte darauf, was bei der magischen Handlung passiert, und notiere es. Wenn du dich sicherer fühlst, kannst du dazu übergehen, Dinge zu verändern, den Zauberspruch an deine Persönlichkeit anzupassen. So entstehen neue Zaubersprüche, die du später wiederum weitergeben wirst.

Magie ist ein kreativer Akt. Zaubersprüche sind der Ausdruck deiner individuellen Wünsche und Ziele. Daher kannst du natürlich deine eigenen Sprüche kreieren. Jede Hexe tut das. Jede Hexe hat ihre eigene Persönlichkeit und braucht ihren eigenen Zauber. Nur so entstehen neue Zaubersprüche. Wie die Welt sich ändert, so ändern sich auch die Ansprüche an Zaubersprüche.

⑤ Müssen sich Zaubersprüche reimen?

Nein. Das wird dich vielleicht erleichtern. Ich persönlich bin sehr froh darüber, denn im Dichten bin ich sehr schlecht. Reime helfen uns vor allem, uns an einen längeren Text und seine Abfolge zu erinnern. Zaubersprüche müssen vor allem präzise in ihren Formulierungen sein, damit sie nicht an dem vorbeigehen, was du eigentlich willst. Wenn du Talent zum Reimen hast, tu es. Es verstärkt oft noch ein wenig das mystische Feeling, wenn du deine Sprüche aufsagst. Aber wenn du dir den Kopf zerbrechen musst, um auf einen passenden Reim zu kommen, und dann der gefundene Begriff gar nicht genau das aussagt, was du eigentlich ausdrücken möchtest, verzichte lieber darauf! Die Gefahr ist groß, dass du dadurch die Wirkung deines Zaubers verfälschst.

⑥ Wo liegt der Unterschied zwischen weißer und schwarzer Magie?

Eine einfache Antwort auf diese Frage gibt es nicht. Menschen neigen dazu, die Welt in Schwarz und Weiß, in Gut und Böse einzuteilen. Doch tatsächlich kann dir kaum jemand sagen, woran du dich in deinen Handlungen orientieren sollst, ob jetzt in der Magie oder bei ganz einfachen alltäglichen Entscheidungen. Das Leben ist komplex und daher eben auch die Magie, die ja mit dem Leben ganz unmittelbar zu tun hat.

Das oberste Prinzip der weißen Magie lautet:
Tu, was du willst, und schade keinem. Aus diesem Grunde sollst du dich auch sehr genau über deine Motive befragen, bevor du an einen Zauber gehst. Oft ist es aber schwer, alle Folgen deiner Handlungen vorauszusehen. Daher kann es dir weiterhelfen, wenn du dir Folgendes immer vor Augen führst:
Deine Freiheit endet da, wo die des anderen beginnt. Wenn du ehrlich mit dir bist, wirst du nach diesem Prinzip recht gut bestimmen können, ob ein Zauberspruch in das Leben eines anderen eingreift.

Ein weiteres Prinzip lautet:
Manipuliere niemals! Wenn du weißt, dass ein Zauberspruch dem

innersten Willen eines anderen entgegensteht, dann führe diesen Zauber nicht aus. Du kannst mit der weißen Magie nur Anstöße geben. Du lenkst Energien, das heißt, du zauberst sie nicht aus dem Nichts, sondern machst wirksam, was ohnehin schon da ist.

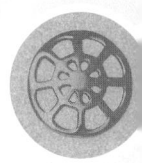

Hexen heißt: Intuition entwickeln, Kräfte entdecken, Energien stärken und lenken.

Hexen heißt nicht: Manipulieren, Kräfte vortäuschen, Energien gegeneinander ausspielen.

Ein praktisches Beispiel:
Du hast dich in den Freund einer Freundin verliebt. Du leidest, wenn du sie zusammen siehst, und fühlst dich allein. Worum bittest du in deinem Zauber? Darum, dass sich die Freundin mit ihrem Freund verkracht? Dass er sie nicht mehr liebt? Nein! Als Hexe wirst du dich vor einem Zauber nach deinen wahren Gefühlen und Motiven befragen. Und das Ergebnis wird wahrscheinlich sein, dass du um die Fähigkeit bittest zu sehen, wie wichtig eine gute Freundin für dich ist, und du bittest um die Stärke, dich auf andere Dinge zu konzentrieren als auf den Freund deiner Freundin. Damit gibst du der Situation einen neuen Anstoß. Wenn der Freund deine Freundin tatsächlich liebt, wirst du nun die Energie finden, dich Neuem gegenüber zu öffnen und dich nicht auf ihn zu fixieren. Wenn er sie nicht liebt, wirst du ihm durch dein Selbstbewusstsein neu auffallen, und er wird sich vielleicht in dich verlieben. Ohne dass du erst etwas zerstören musstest.

Denn – und das ist sehr wichtig – alles, was du aussendest, kommt dreifach zu dir zurück!

Und zum Schluss, beachte immer ein weiteres Prinzip:
Versuche deine Absichten so rein wie möglich zu halten. Zaubere nicht, wenn du dich wütend, traurig, krank und schwach fühlst. Diese negativen Stimmungen verstellen den Blick auf deinen tatsächlichen Willen und verführen zu negativ motivierten Zaubern.

❼ WIRKEN DIE ALTEN ZAUBERSPRÜCHE AUCH BEI GANZ MODERNEN PROBLEMEN?

N atürlich! Klar ist alles ständig in Bewegung, und unsere moderne Welt hat wenig mit dem Leben in der Antike oder im Mittelalter zu tun. Vieles aber bleibt auch über Jahrhunderte gleich. Die Liebe ist eine Urkraft, die sich kaum seit der Antike geändert haben dürfte!

Gleichzeitig erfahren alle Zaubersprüche aber auch Änderungen. Zauber werden praktiziert, das heißt, sie sind dazu da, eingesetzt zu werden. Wenn eine Hexe allerdings bemerkt, dass eine Änderung hier und da eine Verbesserung bedeutet, wird sie dies auch vermerken. Und den neuen Spruch auch so überliefern.

Darüber hinaus schreiben alle Hexen ihre eigenen Zaubersprüche, die dann ganz besonders an die Bedürfnisse ihrer Zeit angepasst sind. Basis dieser Zaubersprüche sind aber oft auch wieder die alten überlieferten.

Wir Hexen glauben ganz besonders an die Gültigkeit althergebrachten Wissens. Für uns muss nicht immer alles topmodern sein. Wirken soll es. Und das kann jede Hexe nur für sich selber herausfinden!

❽ MUSS ICH JEDES MAL MEINEN ALTAR AUFBAUEN UND EINEN MAGISCHEN KREIS ZIEHEN, BEVOR ICH EINEN ZAUBER DURCHFÜHREN KANN?

D er magische Kreis oder Zirkel ist ein Schutzraum, in dem du deinen Zauber ohne Einmischung von störenden Energien ausführen kannst. Er hilft dir auch, dich auf das Ziel des Zauberspruchs zu konzentrieren. In der Mitte des magischen Kreises steht dann dein Altar. Hier hast du alle deine Hexenwerkzeuge aufgebaut, auch sie werden durch den Zirkel vor negativen Energien geschützt.

Aber zaubern kannst du immer und überall. Zum einen kannst du stets auch die Notfallvariante anwenden. Sie ist unkomplizierter und – was manchmal noch wichtiger ist – unauffälliger, denn du willst ja sicher nicht, dass jeder mitbekommt, dass du eine Hexe

bist. Und zum anderen kommt es beim Hexen vor allem auf die Stärke deines Willens und die Kraft deiner Konzentration an, mit der du deine Energie lenken kannst. Wenn du fleißig übst, dich zu konzentrieren und deine Energie kontrolliert freizusetzen, wirst du auch in jeder beliebigen Situation zaubern können – ohne Altar und magischen Kreis.

ICH HABE GELESEN, DASS VIELE HEXEN IN EINER GRUPPE ARBEITEN. KANN ICH AUCH GENAUSO GUT ALS EINZELNE HEXE ZAUBERN?

Das stimmt, viele Hexen sind Mitglied in einer Hexengruppe. Wir nennen das einen Konvent. In einem Konvent können wir unsere Erfahrungen austauschen und den anderen Hexen Fragen stellen, wenn wir nicht mehr weiter wissen. Oft hat die eine oder andere schon das gleiche Problem gehabt und eine gute Lösung gefunden. Du kannst aber auch sehr gut allein arbeiten. Meine Bücher versuchen, dir auf deinem Weg zu einer guten Hexe zu helfen. Der Konvent initiiert auch eine neue Hexe, das heißt „weiht" sie zur Hexe. Diese Initiierung kannst du auch selber durchführen, es gibt dafür einen speziellen Ritus, den du im Buch der Schatten nachlesen kannst.

Ich rate dir aber, dich mit einigen Freundinnen zusammenzutun, die sich auch für die Hexerei interessieren. So lernt ihr gemeinsam die Rituale und Zaubersprüche und könnt euch gegenseitig beim Erfinden und Schreiben von eigenen Zaubern unterstützen. Es macht einfach mehr Spaß!

WANN WEIß ICH, DASS ICH EINEN ZAUBER RICHTIG AUSGEFÜHRT HABE?

Das hat eine Hexe im Gefühl. Wenn du dich gut konzentriert hast, ganz bei der Sache warst und die besondere Energie des Moments gespürt hast, dann ist auch der Zauber gut verlaufen. Denn genau darum geht es: Energien entdecken, entwickeln oder anrufen und sie dann durch deine Konzentration auf eine besondere Sache nach deinem Willen lenken. Nur du kannst also wissen, ob ein Zauber seine Kraft entwickeln wird. Denn es handelt sich um DEINEN Willen, DEINE Energie und DEINE Konzentrationsfähigkeit.

KLEINE EINFÜHRUNG IN DIE KUNST DER ZAUBERSPRÜCHE

Jeder Zauberspruch benötigt einen Rahmen, eine magische Handlung, um seine Wirkung entfalten zu können. Seine Kraft wird unterstützt von Gegenständen, die Träger von magischer Energie sind. Diese Energie überträgst du ihnen, sie wohnt ihnen nicht von allein inne. Mit deinem Willen und mittels deiner Konzentration bündelst du deine Energien und trägst sie nach außen.

Zu jedem Zauberspruch kannst du die passenden Hexenwerkzeuge aussuchen. Daneben sind Gegenstände sehr hilfreich, die symbolisch die Wirkung deines Zaubers schon vorab vollziehen (ein Faden, der zerschnitten wird, eine Eichel, die vergraben wird, um Wurzeln zu schlagen und zu wachsen, usw.).

Diese Auswahl hängt entscheidend von der Art deines Zaubers und des Zauberspruches ab. Ein Liebeszauber benötigt eben andere Zutaten als ein Anti-Streit-Zauber oder gar ein Fette-Pickel-Zauber.

Noch ein Wort zu Kerzen

Kerzen sind ein ganz wichtiger Bestandteil von Zauberritualen. Sie stehen für das Element Feuer, und ihre Energie ist entscheidend bei vielen Sprüchen. Die Farbe der Kerze wirkt auf deinen Zauberspruch ein. Du wirst sehen, dass ich für jeden Zauberspruch die jewells wirksame Kerzenfarbe gewählt habe.

Wenn du mit Kerzen hantierst, solltest du immer vorsichtig sein. Wenn kein passender Kerzenständer zur Hand ist, stell die Kerze auf eine sicher stehende, feuerfeste Unterlage. Achte darauf, dass sich nichts Brennbares in der Nähe der Flamme befindet und dass kein Funke auf etwas Brennbares überspringen kann.

Vor jeder magischen Handlung aber musst du dich vorbereiten:

So reinigst du dich von negativer Energie

Bevor du an einen Zauber gehst, reinigst du dich und deinen Geist von negativer Energie. Reinigen ist hier nicht nur im übertragenen Sinne gemeint, denn du nimmst tatsächlich ein Bad oder eine Dusche. Das Badewasser kannst du mit Kräutern oder Duftölen anreichern. Such dir einfach Düfte aus, die dir besonders gut gefallen und die dich entspannen.

Nutze die Zeit im warmen Wasser, um dich ganz auf das Ziel deines Zauberspruchs zu konzentrieren, und male es dir in allen Einzelheiten noch einmal aus.

Nach dem Bad steigst du direkt in deine Zauberkleidung. Das Anlegen dieser Kleidungsstücke gehört zur Vorbereitung, denn währenddessen kannst du dich noch einmal auf das Bevorstehende konzentrieren.

Es gibt keine Regel, wie deine Zauberkleidung auszusehen hat. Bequem muss sie sein, denn du sollst dich auf deine Gefühle konzentrieren und nicht auf deine Klamotten! Und aus Baumwolle sollte sie sein, nicht aus synthetischen Materialien, denn Synthetik brennt sehr schnell, und du wirst ja während der Zaubersprüche mit Kerzen und Räucherwerk umgehen. Idealerweise trägst du etwas, das für dich eine besondere Bedeutung hat: ein Hemd, das deinem Vater gehört hat und in dem du dich geborgen fühlst, ein T-Shirt, das dir Glück bringt. So hast du gleich eine emotionale Bindung zu deiner Zauberkleidung, die wichtig ist, um deine positiven Energien zu aktivieren.

Die Notfall-Variante

Du kannst natürlich auch zaubern, ohne jedes Mal vorher in die Wanne zu steigen. Wichtig bei der Reinigung ist vor allem, dass du dich selber und deine nächste Umgebung von negativer Energie befreist.

Hierzu breitest du die Arme aus und drehst dich einmal im Kreis um dich selber. Dann schüttelst du die Arme aus, als wolltest du Wasser von den Händen schütteln. Danach kreuzt du die Arme vor der Brust, die Hände liegen jeweils auf der gegenüber liegenden Schulter. Du wischst mit den Händen von oben nach unten über deine Arme. Dann schüttelst du deine Hände wie beim ersten Mal aus. Jetzt wischst du von deiner Brust aus mit beiden Händen über deinen Körper, bis hinunter zu deinen Füßen. Dann schüttelst du deine Hände zum dritten Mal aus.

SO WEIHST DU DEINE WERK-ZEUGE

Auch deine Hexenwerkzeuge und -zutaten müssen von negativer Energie befreit werden, bevor du sie bei einem Zauberspruch einsetzen kannst. Erst dann können sie sich mit magischer Energie aufladen. Hierzu rufst du die Kraft der Elemente an.

Zuerst sagst du:

> *Element Erde, ich rufe dich.*
> *Auf dass alle negative Energie gebannt wird*
> *Und nur die positive Energie übrig bleibt.*
> *Dies ist mein Wille, deshalb geschehe es.*

Während du diese Worte sprichst, zeichnest du mit deiner rechten Hand ein Erde-Pentagramm in die Luft über deinen Werkzeugen.

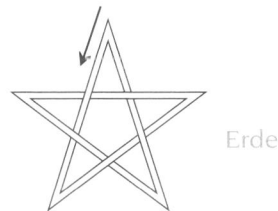

Erde

Nun sagst du:

> *Element Wasser, ich rufe dich.*
> *Auf dass alle negative Energie gebannt wird*
> *Und nur die positive Energie übrig bleibt.*
> *Dies ist mein Wille, deshalb geschehe es.*

Nun zeichnest du ein Wasser-Pentagramm.

Wasser

Als Drittes rufst du mit denselben Worten das Element Luft an und zeichnest das entsprechende Pentagramm.

Luft

Daraufhin rufst du das Element Feuer an und zeichnest ein Pentagramm in die Luft, wie schon bei den anderen Elementen, doch dieses Mal über genau über den Kerzen auf deinem Altar.

Feuer

Als Letztes sagst du:

Oh Geist, schütze diesen Altar vor negativen Kräften. Möge deine Segnung über ihm liegen, Während ich an diesem Ort Handlungen vollziehe, die ausschließlich Gutes zum Ziel haben Und keinem schaden werden. So sei es.

Oft zeichnen wir die Pentagramme auch über den Hexenwerkzeugen, die auf unserem Altar die vier Elemente repräsentieren:

Salz	– **Erde**
Schale Wasser	– **Wasser**
Kräuter oder Weihrauch	– **Luft**
Kerzen	– **Feuer**

Die Notfall-Variante

Wenn es schnell gehen soll – und unauffällig –, dann nimmst du einfach deine Zutaten in die Hand und rufst alle Elemente gleichzeitig an:

Elemente Wasser, Erde, Feuer und Luft Ich rufe euch. Auf dass alle negative Energie gebannt wird Und nur die positive Energie übrig bleibt. Dies ist mein Wille, deshalb geschehe es.

Du kannst diese Anrufung auch still in Gedanken sprechen. Wichtig ist nur, dass du dich für einen Moment voll darauf konzentrieren kannst.

So ziehst du einen magischen Zirkel

Zuerst einmal reinigst du den Raum, in dem du den Kreis ziehen willst, von negativen Energien. Das kannst du mit einem Besen machen – einem Hexenbesen – oder auch ganz einfach mit fegenden Bewegungen. Dabei sagst du:

> *Feg, feg mit diesem Besen*
> *Alles Schlechte, das hier gewesen.*
> *Feg, feg das Gute herein;*
> *Das Böse auf immer gebannt will sein.*

Um den Kreis zu ziehen, rufst du nacheinander die vier Elemente an: Wasser, Erde, Feuer, Luft.

Dazu nimmst du entweder die Dinge, die auf deinem Altar die Elemente repräsentieren, in die Hand oder rufst die Elemente tatsächlich zu dir in den Kreis. Da ich die Hexenwerkzeuge bei den Zaubersprüchen in diesem Buch möglichst einfach gehalten habe, werden die Elemente in dieser Version beim Namen genannt.

Du gehst im Uhrzeigersinn den Kreis ab. Sprich:

> *Element Wasser,*
> *Ich gehe nun zum ersten Mal im Kreis,*
> *Damit reinige und weihe ich diesen Boden.*

Dann gehst du den selben Zirkel im Uhrzeigersinn und sagst:

> *Element Erde,*
> *Ich gehe nun zum zweiten Mal im Kreis,*
> *Damit er meine Energie leite.*

Beim dritten Mal sagst du:

> *Elemente Feuer und Luft,*
> *Ich gehe den Kreis zum dritten Mal,*
> *Damit er mich und meine Energien schütze.*

Jetzt markierst du die Punkte, an denen dein Kreis gezogen werden soll mit deinem Athame, dem rituellen Dolch, der Energie leitet und abwehrt. Anstatt des Dolches kannst du einfach deinen Zeigefinger oder ein anderes Messer mit einem schwarzen oder weißen Griff benutzen. Wichtig ist nur, dass es eine magische Bedeutung für dich hat. An diesen Punkten orientierst du dich mental, um zu wissen, wo dein magischer Kreis gezogen wurde. Du kannst auch ganz deutlich mit Kreide diesen Kreis auf den Boden malen und hast so immer die Kreisform und ihre Grenzen vor Augen. Oder du ziehst den Kreis mit deinem Athame in den Waldboden, wenn du dein Ritual in der freien Natur ausübst.

Nachdem du diese Schritte gewissenhaft vollzogen hast, ist dein magischer Kreis aktiviert, dein Schutzraum aufgebaut!

Die Notfall-Variante

Ein magischer Zirkel ist bei den meisten Zaubern notwendig. Für diese Gelegenheit sage ich dir jetzt, wie man den „kleinen" magischen Kreis zieht.

Stell dir vor, du siehst ein weißes Licht, das aus deinem Zeigefinger strömt. Konzentriere dich ganz fest, bis du dieses Licht siehst.

Dann geh deinen Kreis im Uhrzeigersinn ab und zeichne mit dem imaginären Licht den Kreis.

Dabei sagst du:

> *Dieser Kreis ist ein Raum, gefüllt mit positiver Energie.*
> *Dieser Kreis ist mein Schutzschild.*

Dann gehst du den Kreis zum zweiten Male ab und sagst:

> *In diesem Kreis kann mir nichts geschehen,*
> *Die Elemente schützen mich.*

Du gehst den Kreis ein drittes Mal, immer noch im Uhrzeigersinn, und sagst:

> *Dieser Kreis wird meinen Spruch stärken*
> *Und meinen Willen lenken.*

Schau nach Norden und zeichne mit deinem Zeigefinger ein Pentagramm in die Luft.

Tu das Gleiche in Richtung Osten, Süden, Westen.

Damit ist der magische Kreis aufgebaut, und du kannst deinen Zauberspruch aufsagen.

So löst du den magischen Zirkel

Wenn du den magischen Zirkel auflöst, gibst du die Energien des Zauberspruchs frei.

Zuerst dankst du den Mächten, die du in deinen magischen Kreis zu Hilfe gerufen hast.

Anschließend nimmst du den Athame – oder deinen Zeigefinger – und gehst die Form des Kreises, die du vorher abgesteckt hast, gegen den Uhrzeigersinn ab. Beginne im Osten. Stell dir dabei vor, dass die Energie innerhalb des Kreises in den Dolch gesogen wird. Stell dir weiterhin vor, dass der Dolch diese Energieströme in deinen Arm leitet, weiter in deinen Oberkörper, durch dein Herz, in deine Beine und schließlich in die Erde, auf der du stehst.

Dann streckst du die Hände gen Himmel und sagst:

> *Der Kreis ist geöffnet – doch niemals gebrochen.*
> *Auf dass alle Lebewesen und alle Elemente,*
> *Die ich in diesem Ritual anrief,*
> *Niemals zu Schaden kommen.*

Die Notfall-Variante

Und so löst du die Notfall-Variante des magischen Kreises auf: Du zeigst mit dem Zeigefinger nach Norden und gehst den Kreis gegen den Uhrzeigersinn ab. Dabei sagst du:

> *Ich breche diesen Kreis nicht –*
> *Sondern ich öffne ihn.*
> *Der Zauber, den ich aussandte,*
> *Entfaltet nun seine Kraft.*
> *Ich werde niemandem schaden,*
> *Denn alles, was ausgeht,*
> *Kehrt dreifach zurück.*

So konzentrierst du dich

Zu Beginn eines jeden Zaubers musst du dich voll auf das Ziel deines Zaubers konzentrieren. Das ist zu Beginn nicht einfach. Auch wenn es dir schwer fällt, versuche es immer wieder. Wichtig ist dabei vor allem, dass du ruhig und gleichmäßig atmest. Konzentriere deine Gedanken auf ein mentales Bild, bei dem du dich besonders wohl fühlst. Bleibe immer bei diesem einen Bild – eine grüne Wiese, deine Lieblingsblume, ein runder Stein, eine Muschel. Mit der Zeit wird sich deine Konzentration schon einstellen, wenn du dieses Bild im Geiste aufrufst! Dann bleibe gedanklich bei diesem Bild, so lange, bis du merkst, dass sich dein Atem von allein beruhigt. Lass dir Zeit dabei, Eile und Hetze bringen nichts in der Magie!

MEIN TIPP:
Suche dir eine ruhige Ecke. Konzentriere dich auf einen Gedanken, der dir wichtig ist. Spüre die Energie in deinem Inneren. Strecke die rechte Hand und den rechten Zeigefinger aus. Verfolge mit deiner Konzentration den Weg der Energie aus deinem Inneren, in deine Schulter, in deine Hand, in deinen Zeigefinger. Versuche, diese Spannung einige Zeit zu halten.

Die Notfall-Variante

Für den Notfall rate ich dir, immer einen Onyx in der Tasche zu haben. Diesen Stein nimmst du in die rechte Hand, schließt die Augen, rufst dein persönliches Konzentrationsbild auf und atmest dreimal tief ein und tief aus. Um sich schnell konzentrieren zu können, muss man allerdings ein bisschen geübt sein. Für Anfänger ist das sehr schwer!

ZAUBER-SPRÜCHE FÜR JEDE KRISE

Zaubern kannst du immer: überall und zu jeder Zeit. Zaubern ist nicht für bestimmte Gelegenheiten reserviert. Immer wenn du meinst, eine besondere Energie aktivieren zu müssen, um das, was du willst, das, was du fühlst, in die Realität umsetzen zu können, kannst du zur Hexenkunst greifen.

Hexen bedeutet:

Wissen, was man will, mutig sein, kreativ sein und Verantwortung für die eigenen Handlungen übernehmen.

LIEBESZAUBER FÜR JEDE GELEGENHEIT

IHR KENNT EUCH NOCH NICHT, UND DU TRAUST DICH NICHT, DEN ERSTEN SCHRITT ZU TUN

Ein eindeutiger Fall für einen Mutzauber. Denn eines ist dir ja wohl klar, wenn du nichts unternimmst und auf einen Wink des Schicksals wartest, läufst du Gefahr, niemals herauszufinden, ob er dich mag. Willst du das? Willst du klein und bescheiden in deiner Ecke warten, bis er dich bemerkt? Eine Hexe nimmt diese Entscheidung selbst in die Hand!

Damit dein neuer Mut auch nicht ins Leere geht, brauchst du auch gesundes Selbstbewusstsein und Klarsicht, um dich nicht in Aussichtsloses zu verrennen.

Du benötigst:
- **Eine silberne Kerze**
- **Eine pinkfarbene Kerze**
- **Einen schwarzen Filzstift**
- **Zwei Lorbeerblätter**
- **Eine Feder**

Du solltest diesen Zauber an einem Mittwoch ausführen, denn dieser Tag ist der Tag der Kommunikation. Er ist also ideal für dein Vorhaben. Wenn du kannst, achte darauf, dass der Mond gerade zunimmt. Dies unterstützt alle Liebes- und Glückszauber! Führe diesen Zauber im Freien und im Sonnenlicht durch. Suche dir einen sicheren und windgeschützten Platz, damit deine Kerzen ruhig brennen können und nichts um dich herum Feuer fangen kann.

1 Du ziehst den magischen Kreis um deine Zutaten.
2 Du stellst dich aufrecht in die Mitte des Kreises und hebst die Arme seitlich an, gerade ausgestreckt bis auf Schulterhöhe. Die Handflächen zeigen nach oben. Während du die Arme nach oben führst, sagst du:

Sonne, fülle mich mit deinem Licht.
Sonne, fülle mich mit deiner Kraft.
Sonne, zeige mir das, was in mir steckt.
Bring es an dein Licht.

③ Du führst die Arme langsam gerade wieder herunter. Schließ die Augen und versuche, die Kraft zu spüren, die die Sonne durch dich hindurchleitet. Du setzt dich im Schneidersitz auf den Boden. Falls es kalt sein sollte, nimm eine Decke mit. Beim Hexen muss man auch praktisch denken. Nun zündest du die beiden Kerzen an. Die silberne symbolisiert Klarsicht, die pinkfarbene die frische Liebe.

④ Schau abwechselnd in beide Flammen. Zuerst in die pinkfarbene. Stell dir deinen Angebeteten genau vor. Versuche, ihn in allen Einzelheiten zu visualisieren. Jetzt stell dir vor, wie er dich ansieht. Mal dir diese Situation so lebendig wie möglich aus. Kreative Visualisierung ist das A und O der Zauberkraft. Wie soll etwas wahr werden, wenn selbst du es dir nicht vorstellen kannst?

⑤ Nun schaust du in die Flamme der silbernen Kerze und stellst dir euch beide zusammen vor. Male dir auch hier wieder die Situation genau aus.

⑥ Nun stell dir vor, wie euer beider Blick sich trifft. Versuche, die Energie zu spüren.

⑦ Du schreibst mit dem Stift deinen Namen auf ein Lorbeerblatt, den seinen auf das andere. Du legst beide Blätter nebeneinander und zeichnest darüber mit der Hand in die Luft das Feuerpentagramm. Und zwar das anrufende, denn du willst die Kraft des Feuers zu dir in den Kreis rufen. Das geht so:

⑧ Dann hältst du das Blatt mit deinem Namen über die Flamme der silbernen Kerze, so dass sich ein wenig Rauch entwickelt. Mit der anderen Hand fächerst du diesen Rauch mit der Feder nach oben in den freien Raum, hoch hinaus. Dabei sagst du:

Heißer als Feuer,
Heller als Silber,
Tiefer als Rot,
Freier als Rauch
Ist mein Wille.

Also geschehe es.

9 Als Nächstes nimmst du das Blatt mit seinem Namen in dieselbe Hand und hältst es auf die gleiche Art und Weise über die Flamme, dieses Mal über die der pinkfarbenen Kerze. Dabei sagst du:

> Heißer als Feuer,
> Heller als Silber,
> Tiefer als Rot,
> Freier als Rauch
> Sei unsere Liebe.
>
> Also geschehe es.

10 Dann zerreibst du beide Lorbeerblätter in deinen Händen zu kleinen Stückchen und wirfst sie in die Luft. Du schaust nach oben ins Licht und murmelst leise:

> A
> AB
> ABR
> ABRA
> ABRAC
> ABRACA
> ABRACAD
> ABRACADA
> ABRACADAB
> ABRACADABR
> ABRACADABRA

So wie der magische Spruch zunimmt, wird auch die Kraft deines Zaubers gewinnen.

11 Du löst den magischen Zirkel auf. Nimm dir noch einmal die Zeit, an euch beide zusammen zu denken. Wenn du ihn das nächste Mal siehst, lächle ihn an. Du wirst sehen, alles wird ganz einfach!

IHR SEID NUR FREUNDE. DU BIST HEIMLICH VER-LIEBT UND WILLST MEHR

Tu den ersten Schritt! Wenn du tatsächlich verliebt bist, ist dies die einzige Lösung. Vorher stell dir aber folgende Fragen: Was willst du wirklich? Was zieht dich an diesem Freund so an? Bist du dir sicher? Du willst von einer sicheren, weil bekannten Situation in eine unsichere, weil unbekannte wechseln. Wenn du auf diese Fragen mit einem klaren Ja antworten kannst, dann führe diesen Zauber aus. Freundschaft ist ein starkes Gefühl, der Wechsel hin zur Liebe ist nicht einfach! Unterschätze dies nicht. Daher musst du die romantische Energie, die von dir ausgeht, mit einem Zauber stärken.

Du benötigst:
- **Salz**
- **Eine Schale Wasser**
- **Rote Rosenblätter**
- **Ein Blatt rotes Papier**
- **Einen roten Bleistift**
- **Ein Stück rotes Tuch**
  (von der Größe eines Taschentuches)
- **Drei rote Kerzen**

Diesen Zauber solltest du im hellen Sonnenlicht ausführen. Die Sonne lädt deinen Zauber mit offensiver Energie und bringt dir die nötige Stärke, um ins Unbekannte zu treten. Am besten ist die Mittagszeit, denn der Mittag wandelt Schwäche in Stärke. Alle deine Werkzeuge sollten in Rot sein, kleide dich in Rot, nimm roten Lippenstift. Rot ist nun einmal die Farbe der Liebe, auch in der Zauberei. Du willst ja das Emotionale, das Romantische stärken. Die Kraft der Farben wird dir helfen.

① Du ziehst den magischen Kreis um deine Zutaten.
② Nun reinigst du deine Zutaten und Werkzeuge von negativer Energie. Dies ist in diesem Falle besonders wichtig, denn du möchtest ja komplett neu beginnen: neue Gefühle, neue Liebe. Dazu nimmst du eine Prise Salz und streust sie in die Schale mit Wasser. Dies tust du dreimal. Dazu sagst du:

Eins, um den Körper zu reinigen,
Eins, um den Geist zu reinigen,
Eins, um das Herz zu reinigen.
Der Geist wird alle drei zusammenführen.

3 Mit dem so geweihten Wasser benetzt du nacheinander die Rosenblätter, das Blatt Papier, den Bleistift und das Stück Tuch. Jedes Mal sagst du:

> *Mit dem Element Wasser wasche ich alle negativen Energien von dir.*
> *Auf dass du rein wirst und frei und offen für Neues.*
> *Auf dass du aufnimmst meine Liebe und meine Gefühle.*

4 Jetzt stellst du die drei Kerzen in einem Dreieck auf und zündest sie an. Auf das Blatt Papier schreibst du mit dem roten Stift euer beider Namen in die Mitte. Du schneidest einen Kreis rundherum aus. Der Kreis symbolisiert Unendlichkeit. Hiermit unterstützt du den nahtlosen Übergang von Freundschaft zu Liebe. Ohne Bruch und ohne neuen Anfang.

5 Du legst den Papierkreis in die Mitte der Kerzen, genau da, wo die Linien der drei Ecken sich kreuzen. Du nimmst die erste Kerze und träufelst drei Tropfen Wachs auf das Papier. Dabei sagst du:

> *Feuer, gib mir die Klarsicht zu sehen, was Liebe bedeutet.*

Dann nimmst du die zweite Kerze, träufelst drei Tropfen Wachs auf das Papier und sagst:

> *Feuer, gib mir den Mut,*
> *Unbekanntem zu vertrauen.*

Dann tust du das Gleiche mit der dritten Kerze und sagst:

> *(Name deines Freundes), sieh die Kraft des Feuers, sieh die Kraft der Liebe.*
> *Geh mit mir den Weg. Lass dich von mir führen.*
>
> *Dies ist mein Wille, also geschehe es.*

Zum Schluss streust du die Rosenblätter auf das Stück Papier und faltest es in das rote Stück Stoff ein. Du legst es drei Nächte lang unter dein Kopfkissen. Die Energie des Mondes wird sich so mit der Energie der Sonne, die das Stück Papier und das Tuch während deines Rituals aufgenommen haben, vermischen.

MEIN TIPP:
Pass auf, dass niemand das kleine Päckchen entdeckt. Es muss ein Geheimnis bleiben, zumindest die drei magischen Nächte lang!

ER IST DER FREUND DEINER FREUNDIN, UND DU HAST DICH IN IHN VERLIEBT

Eine schwierige Situation! Ich empfehle in diesem Falle, keinen Zauber anzuwenden, der den Freund deiner Freundin zu dir herüberzieht. Der Schuss könnte nach hinten losgehen. Im besten Falle verliebt er sich tatsächlich in dich. Aber du hast eine Freundin verloren. Und ihr werdet alle drei nicht glücklich damit sein.

Du solltest einen Zauber ausführen, der dir Ausgeglichenheit und innere Stärke gibt. So wirst du besser mit dieser Dreieckssituation zurechtkommen. Und behältst deine beste Freundin! Und wenn der Freund tatsächlich für dich bestimmt sein sollte, wird er sich auch in dich verlieben. Man kann ja nie wissen!

Du benötigst:
- **Orangenöl**
- **Ein kleines Messer**
- **Eine frische Orange**

Diesen Zauber solltest du immer dann ausführen, wenn du dich in dieser speziellen Situation mit dem Rücken zur Wand fühlst. Er wird dir die nötige innere Stärke geben, um Abstand zu gewinnen. Und den wirst du dringend benötigen!

1 Du ziehst den magischen Kreis.

2 Dann stellst du dich in die Mitte und konzentrierst dich. Atme tief, ruhig und entspannt. Fokussiere deine Aufmerksamkeit auf deine innere Mitte. Dabei hilft es dir vielleicht, wenn du dich auf deinen Bauchnabel konzentrierst.

3 Dann verreibst du einige Tropfen Orangenöl in beiden Händen, reibst den Griff des Messers mit Öl ein und hebst es anschließend gen Himmel (oder zur Zimmerdecke). Orangenöl hilft dir, Probleme vorauszusehen und positive Lösungen zu erkennen.

4 Du schneidest mit dem Messer von links oben nach rechts unten durch die Luft und sagst:

Messer, durchtrenne diesen Bann.
Lass meinen Geist frei,
Lass mein Herz frei,
Lass meinen Körper frei.

Dies ist mein Wille, also geschehe es.

5 Dann schneidest du von rechts oben nach links unten durch die Luft. Dabei sagst du:

Messer, binde mich an (Name deiner Freundin),
Verbinde meinen Geist,
Verbinde mein Herz,
Verbinde meinen Körper in Freundschaft.

Dies ist mein Wille, also geschehe es.

6 Mit einem magischen Messer, einem Athame, lenken wir Energien. Um den Zauber zu verstärken, schneidest du einige Stücke aus der Schale der Orange und legst sie zum Trocknen in dein Zimmer.

7 Du löst den magischen Kreis auf.

MEIN TIPP:
Wenn du deiner Freundin von deinem Problem erzählt hast, führe diesen Zauber mit ihr zusammen durch. Die Kraft des magischen Kreises wird euch wieder enger zusammenbringen!

DU MEINST, DU BIST NICHT SEIN TYP, UND WILLST IHM ENDLICH AUFFALLEN

Verzwickte Lage! Dein Selbstbewusstsein ist sicherlich auf dem Nullpunkt angelangt. Und du weißt nicht, wie du ihn endlich auf dich aufmerksam machen kannst. Ein wenig Zuversicht, viel offensiver Mut und eine gute Portion Einfallsreichtum sollten deinem Glück auf die Sprünge helfen.

Du benötigst:
- **Vier Murmeln:**
  Rot
  Weiß
  Braun
  Grün
- **Einen Beutel**

① Du ziehst den magischen Kreis.

② Du legst die Murmeln in alle vier Himmelsrichtungen: Die rote nach Süden, die weiße nach Osten, die braune nach Norden und die grüne nach Westen. Du setzt dich im Schneidersitz in die Mitte, Hände auf den Knien, Handflächen nach oben. Atme tief, ruhig und gleichmäßig.

③ Du nimmst die rote Murmel in die geschlossene Hand, konzentrierst dich mental auf das Bild dieser kleinen roten Kugel und sagst:

Nimm meine Schwäche.
Gib mir den Willen, entschlossen zu handeln.

Du nimmst die weiße Murmel, konzentrierst dich und sagst:

Nimm meine Unruhe.
Gib mir die Kraft, inneren Frieden zu finden.

Du nimmst die braune Murmel, konzentrierst dich und sagst:

Nimm meine Schüchternheit.
Gib mir die Energie, meine Ideen auch umzusetzen.

Zum Schluss nimmst du die grüne Murmel, konzentrierst dich ein letztes Mal und sagst:

Nimm meine Unsicherheit.
Gib mir die Klarsicht, meine Stärken zu sehen.

❹ Nach dem Ritual gibst du die Murmeln in den Beutel und trägst sie immer mit dir herum.

MEIN TIPP:
Idealerweise nähst du den Beutel selber. So kann keine fremde Energie sich unter die Energie deiner Murmeln mischen. Sie sind ganz und gar von dir aufgeladen!

IHR WART SCHON EINMAL ZUSAMMEN, UND DU MÖCHTEST WIEDER MIT IHM ZUSAMMENKOMMEN

Ihr habt euch getrennt, und erst jetzt weißt du, was du an ihm hattest? Du möchtest einen Neuanfang wagen, befürchtest aber, dass es zu spät sein könnte? Zuerst musst du dich fragen, warum du wieder mit deinem Ex zusammen sein möchtest. Liebst du ihn wirklich? Oder fühlst du dich allein und vermisst die Geborgenheit? Denn so traurig das sein mag, es ist kein Grund für einen Neuanfang mit einem Liebeszauber. In diesem Falle solltest du lieber einen Freundschaftszauber durchführen. Für einen Liebeszauber müssen dir deine Gefühle klar sein, sonst kann er nicht wirken.

Bist du dir allerdings sicher, einen Fehler gemacht zu haben, als du dich von deinem Freund getrennt hast, und bist du dir auch sicher, dass dein Ex-Freund das genauso sieht, dann probiere diesen Zauber aus. Er führt zur Versöhnung von Liebenden, zeigt den Weg zu einem neuen Anfang und stärkt die Energien für Vertrauen und Mut.

Du benötigst:

- **Vier grüne Kerzen**
- **Sieben Kerzen in allen Rotschattierungen (von Purpurrot bis Pink)**
- **Jasminöl**
- **Drei rote Bänder**
- **Ein Kopfhaar von dir**

① Du platzierst die grünen Kerzen in alle vier Himmelsrichtungen. In die Mitte stellst du alle anderen Zutaten. Dann ziehst du den magischen Kreis darum, einschließlich der vier grünen Kerzen. Grüne Kerzen unterstützen eine Heilung. Jedes Ende einer Beziehung ist auch immer mit Ärger oder Kränkung verbunden, und ein wenig unterstützende Heilung kann auch dem Verliebtesten nicht schaden, wenn er eine alte Beziehung wieder neu anfachen möchte! Die sieben roten Kerzen stellst du entlang des magischen Kreises auf und zündest sie an.

② Du setzt dich in den Kreis – in den Schneider- oder Lotussitz, Hände auf den Knien, Handflächen nach oben. Atme gleichmäßig, tief und ruhig. Zähle beim Einatmen und beim Ausatmen bis zwei, dann bis drei, dann versuche es mit vier.

③ Schließe die Augen und stelle dir deinen Ex-Freund genau vor. Denke an drei Dinge, die dich an ihm immer geärgert haben. Stell dir genau vor, in welchen Situationen ihr euch gestritten habt, wann du dich ihm besonders fern gefühlt hast. Atme weiterhin ruhig und gleichmäßig in deinem Rhythmus auf drei oder vier.

④ Dann tupfst du jeweils drei Tropfen Jasminöl auf deine Schläfen. Jasmin löst schwere Gedanken und öffnet dich für Neues. Genau das Richtige bei einem Zauber, der Vergangenheit und Zukunft miteinander verbinden soll!

⑤ Jetzt stell dir drei Dinge vor, die du an ihm liebst. Stell dir genau vor, wann er für dich da war, wie nah ihr euch gefühlt habt. Bleibe dabei immer im selben Atemrhythmus. Wenn du an diese Nähe denkst, sind dann die negativen Gefühle noch so wichtig? Haben sie dieselbe Bedeutung wie in der Vergangenheit? Versuche, dich von den negativen Energien zu lösen. Denke jetzt nur noch an das Gefühl der Nähe zwischen euch, das du eben heraufbeschworen hast.

6 Du nimmst die drei roten Bänder und flichst sie zu einem Zopf. Vorher aber hast du dir ein Haar vom Kopf (möglichst lang!) herausgezupft, das du jetzt in die Bänder mit einflichst.

7 Dann hältst du diesen Zopf in der linken Hand – der Herzhand – und sagst:

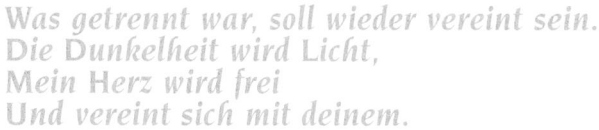

Was getrennt war, soll wieder vereint sein.
Die Dunkelheit wird Licht,
Mein Herz wird frei
Und vereint sich mit deinem.

Was getrennt war, soll wieder vereint sein.
Was falsch war, soll richtig werden,
Was dunkel war, wird hell.
Aus eins wird zwei.

Dies ist mein Wille, also geschehe es.

8 Anschließend konzentrierst du dich voll auf das Licht, das du eben beschworen hast. Versuche dir vorzustellen, wie es wie ein helles, warmes Licht aus deinem Kopf durch deinen Hals, über dein Herz in deinen Arm fließt, um dann über deine geschlossene Hand in das Band überzugehen. Stell dir vor, das Licht ist weiß, wird dann gelb, dunkelgelb, orange und geht dann schließlich in warme Rottöne über, bis es endlich ein dunkles Purpurrot wird. Lass dir Zeit und konzentriere dich ganz auf den Fluss der positiven Energie. Er stellt die Verbindung zwischen deinem Herzen und dem Bänderzopf dar.

9 Dann öffnest du die Augen und legst das Band ab. Du löschst die Kerzen und löst den magischen Kreis auf.

10 Das geflochtene Band schenkst du deinem Ex- und zukünftigen Freund. Er soll es mindestens drei Tage um das linke Handgelenk tragen. So kann deine Liebesenergie auch in seinen Herzarm übergehen. Ein positiver Liebesinfekt!

EURE BEZIEHUNG WIRD FLAU, UND DU MÖCHTEST SIE WIEDER ANFACHEN UND AUFREGEND MACHEN

Hier empfehle ich: Heiße Liebe aus dem Ofen! Bevor du allerdings zu einem Zauber greifst, solltest du dir klar darüber sein, was du wirklich in deiner Beziehung willst. Willst du ihm um jeden Preis gefallen und gehst dadurch faule Kompromisse ein? Oder willst du es riskieren, das zu sagen, was du von ihm und eurer Liebe erwartest? Erst dann kannst du nämlich wieder Pep in eure Beziehung bringen.

Du benötigst:
- **Vier orangefarbene Kerzen**
- **Dein Lieblingskeksrezept**
- **Zimt**
- **Und natürlich...**
  Ein Backblech
  Einen Backofen
  Und Backutensilien
- **Eine rote Schachtel**
- **Rotes Krepppapier**

Führe diesen Zauber bei Vollmond oder zunehmendem Mond aus!

① Du kannst nur schwer einen magischen Kreis um deine komplette Küche ziehen. Daher stellst du in alle vier Ecken des Raums eine orangefarbene Kerze. Orange kann sehr gut gegen Bequemlichkeit eingesetzt werden und hilft dir, die Kontrolle wiederzugewinnen. Jede der Kerzen hast du vorher in der rechten Hand nach oben gehalten und sie geweiht, indem du dreimal von unten nach oben mit der Hand darüber streichst. Damit streichst du die negative Energie von ihnen ab. Dabei sagst du:

> *Element Feuer, ich rufe dich.*
> *Auf dass alle negative Energie aus diesem*
> *Raum gebannt wird*
> *Und nur die positive Energie übrig bleibt.*
>
> *Dies ist mein Wille, also geschehe es.*

② Dann zündest du jede von ihnen an und setzt dich in die Mitte der Küche. Am besten einfach auf den Boden, im Schneider- oder

Lotussitz, Hände auf den Knien, die Handflächen nach oben gerichtet. Die Küche ist übrigens für Hexen das Energiezentrum eines Haushalts. Viele Zauber wirken besonders gut, wenn sie hier ausgeführt werden. Falls du Kräuter züchtest, können sie sich hier während ihres Wachstums mit der ganzen Energie aufladen, die eure Familie beherrscht.

❸ Du konzentrierst dich. Atme ruhig und gleichmäßig. Schließe die Augen. Versuche dir vorzustellen, wie es am Anfang eurer Beziehung war. Wie habt ihr euch gefühlt, als ihr euch kennen gelernt habt? Was hat dir besonders gut an ihm gefallen, was hat dich verrückt gemacht? Es müssen keine großartigen Charaktereigenschaften sein. Es kann ganz einfach die Art gewesen sein, wie er an seinem Stift kaut, wie er lächelt oder wie er deinen Namen sagt. Konzentriere dich ganz auf diese schönen und aufregenden Momente.

❹ Du öffnest die Augen, stehst auf und begibst dich ans Backen. Wenn du deinen Teig angerührt hast, gibst du drei Prisen Zimt dazu. Zimt ist ein altes Hexengewürz, das uns einen guten Durchblick verschafft und das wir daher gern bei Liebeszaubern verwenden, bei denen komplexe Gefühle im Spiel sind!

❺ Bevor du deine Kekse auf einem Blech in den Ofen schiebst, streckst du deine Hände darüber aus. Die Handflächen sind dabei erst einige Augenblicke nach oben gerichtet, dann nach unten. Zuerst sagst du:

Ich verbinde euch mit Freundschaft,
Auf dass sich mir die Augen öffnen,
Ich Altes neu liebe,
Ich Gewohntes nicht verliere.

Ich verbinde euch mit Liebe,
Auf dass sich mir neu die Augen öffnen,
Ich Altes neu entdecke,
Ich Gewohntes ungewohnt erblicke.

Dies ist mein Wille, also geschehe es.

❻ Dann backst du die Kekse wie gewohnt. Nachdem du sie aus dem Backofen geholt hast, verpackst du sie – noch lauwarm – in einer roten Schachtel in rotem Krepp- oder Seidenpapier. Dann löschst du die Kerzen in den Ecken der Küche. Die Kekse schenkst du deinem Freund.

MEIN TIPP:
Am besten wirkt der Zauber, wenn dein Freund jeden Morgen einen der Kekse isst, und das, bis der Mond wieder abnimmt. Wenn du also keine Angst hast, ihm zu sagen, dass du eine Hexe bist, dann gib ihm diese Gebrauchsanleitung mit. Oder finde einen anderen Trick, damit er deine Kekse regelmäßig wie eine Medizin einnimmt!

EINE FREUNDIN MISCHT SICH IN EURE BEZIEHUNG, UND DU WILLST DAS BEENDEN

Das ist eine schwierige Situation! Du ärgerst dich sicher schon seit einer ganzen Weile darüber, und vielleicht habt ihr euch auch schon deswegen gestritten, bevor du jetzt an deine Hexenkünste als letzten Ausweg denkst. Trotzdem, denke noch einmal genau darüber nach: Was willst du wirklich mit einem Zauberspruch erreichen? Wie genau mischt sich deine Freundin in deine Beziehung zu deinem Freund ein? Warum tut sie das? Mit böser Absicht? Oder weil sie sich Sorgen um dich macht? Falls du tatsächlich zu dem Schluss kommst, dass sie gute Absichten hat, solltest du noch einmal mit ihr reden. Dann hilft ein Gespräch weiter als jede Hexenkunst. Wenn sie es allerdings aus Eifersucht tut oder weil sie euch auseinander bringen möchte, dann wende diesen Kerzenzauber an.

Du benötigst:
- **Getrockneten Lorbeer**
- **Eine Räucherschale**
- **Einen kleinen Nagel oder eine Nadel**
- **Zwei rote Kerzen**
- **Eine indigofarbene Kerze**
- **Eine schwarze Kerze**
- **Eine hellblaue Kerze**
- **Einen Pyrit**
- **Einen Mondstein**

Diesen Zauber führst du am besten an einem Freitag aus, dem Tag der Venus, der damit ihre Energie besonders gut anzieht, und bei zunehmendem Mond.

➊ Du ziehst den magische Kreis um deine Zutaten.

➋ Du setzt dich in die Mitte, wie immer im Schneider- oder Lotussitz. Zünde den Lorbeer in der Räucherschale an und lasse ihn abbrennen. Lege die Hände auf die Knie, die Handflächen nach oben, und versuche deinen Geist zu leeren. Das ist nicht einfach, aber versuche es trotzdem. Es soll für einen Augenblick kein Gefühl mehr deinen Geist beherrschen, weder Wut noch Eifersucht, noch Rachelust, noch Abwehr und auch nicht Liebe zu deinem Freund. Schließe die Augen und atme ruhig und gleichmäßig.

➌ Dann ritzt du mit dem Nagel in die Unterseite der ersten roten Kerze deine Initialen, in die Unterseite der zweiten die Initialen deines Freundes. Danach stellst du die Kerzen in ihren Kerzenständern in der folgenden Reihenfolge auf:

Indigofarben – Rot (mit deinen Initialen) – Schwarz – Rot (mit den Initialen deines Freundes) – Hellblau.

Die indigofarbene steht für „Übergriffe beenden", die erste rote für deine Liebe, die schwarze für „negative Kräfte binden", die zweite rote für die Liebe deines Freundes und die hellblaue für „inneren Frieden und Harmonie".

➍ Den Pyrit legst du hinter die schwarze Kerze, den Mondstein hinter die hellblaue.

➎ Zünde erst die beiden roten Kerzen an, dann die schwarze, dann die indigofarbene und zum Schluss die hellblaue.

➏ Dann schaust du in die Flamme der schwarzen Kerze und sagst:

Schwäche die Kraft, die zwischen uns steht.

➐ Du schaust in die Flamme der indigofarbenen Kerze und sagst:

Beende die Einmischung in unsere Liebe.

➑ Du schaust in die Flamme der hellblauen Kerze und sagst:

Gib uns dreien inneren Frieden und Glück.
Niemand hat uns getrennt.
Niemand trennt uns.
Niemand wird uns trennen.

Dies ist mein Wille, also geschehe es.

⑨ Anschließend schließt du die Hände um beide roten Kerzen und spürst noch einmal, wie deine Energie in sie einfließt. Du löschst alle Kerzen, bis auf die roten. Die lässt du herunterbrennen.

MEIN TIPP:
Bewahre die Reste der anderen Kerzen auf. Falls der Zauber nicht richtig gewirkt haben sollte oder du meinst, dass er eine kleine Auffrischung vertragen könnte, dann führe genau denselben Zauber noch einmal mit diesen Kerzen und zwei neuen roten aus.

DU HAST EINEN URLAUBSFLIRT UND MÖCHTEST ES AUCH DABEI BELASSEN

Ein Urlaubsflirt macht Spaß. Du verliebst dich für eine gewisse Zeit, unter Sonne und Palmen. Ihr lauscht gemeinsam dem Rauschen des Meeres und verbringt die lauen Sommerabende zusammen. Die ganze Zeit über wisst ihr: Ihr müsst euch wieder trennen. Trotzdem ist die Trennung oft schwer und schmerzlich. Das Wissen und das tatsächliche Fühlen, wenn es soweit ist, sind eben doch zwei Paar Stiefel! In dieser Situation brauchst du einen Zauber, der dein Gefühl für Selbstständigkeit unterstützt. Gleichzeitig wirst du Intuition und Feingefühl brauchen, um die Gefühle deines Urlaubsflirts nicht zu verletzen.

Du benötigst:
- **Zitronenöl**
- **Drei braune Kerzen**
- **Zwei orangefarbene Kerzen**
- **Ein rotes Band**
- **Ein gelbes Band**
- **Eine Schere**

Führe den Zauber in der Nacht durch, sie stärkt deine Intuition und deine Offenheit für die Gefühle deiner Umgebung und für deine eigenen Gefühle.

❶ Am besten wirkt dieser Zauber im Freien, unter einem Baum. Wenn du in der Nacht in einen Garten gehen kannst, um deinen Zauber auszuführen, ohne den Ärger deiner Eltern auf dich zu ziehen, dann tu dies. Wenn nicht, dann öffne dein Fenster, nimm drei tiefe Atemzüge der frischen Nachtluft und führe den gesamten Zauber bei geöffnetem Fenster durch.

❷ Ziehe den magischen Kreis um deine Hexenzutaten. Tröpfle dir etwas Zitronenöl auf die Innenseite deiner Handgelenke. Du zeichnest mit dem Zeigefinger, der dir übrigens sehr gut einen Zauberstab ersetzen kann, ein Feuerpentagramm – anrufend – in die Luft über die Bänder, das Öl und die Kerzen.

Dabei sagst du:

Element Feuer, ich rufe dich.
Auf dass negative Energie gebannt werde
Und nur positive Energie übrig bleibe.
Hilf mir, Liebe zu Freundschaft zu wandeln
Und Gutes zu wahren und offen für Neues zu sein.

Dies ist mein Wille, also geschehe es.

Wenn du den Zauber im Freien ausführst, zeichne das Pentagramm auf den Boden. Wenn nicht, merke dir die Position der fünf Ecken des Pentagramms, das du in die Luft gezeichnet hast.

❸ Du stellst die Kerzen auf die Spitzen des Pentagramms, die zwei orangefarbenen auf die zwei unteren, die drei braunen auf die obere und die zwei seitlichen. Orange hilft dir, die Kontrolle über eine Situation zu erlangen, Braun bringt dir die Verbindung zur Erde und hilft dir, die Situation nicht zu dramatisieren. Schließlich ist es nur ein Urlaubsflirt! In die Mitte des Pentagramms legst du die Bänder.

❹ Du setzt dich vor das Arrangement in den Schneider- oder Lotussitz, die Hände auf den Knien, Handflächen nach oben. Du konzentrierst dich, atmest tief und ruhig.

⑤ Stell dir vor, wie ihr beide zusammen seid. Ihr habt sicher einen Lieblingsplatz, lass deine Gedanken dorthin wandern. Stell dir nun genau die Situation eurer Trennung vor. Denke dich in deinen Freund hinein: Was wird er fühlen? Wie wird er die Situation erleben? Versuche dir genau vorzustellen, wie ihr euch tief in die Augen schaut, was ihr zueinander sagt, wie ihr euch verabschiedet.

⑥ Jetzt nimmst du das rote Band, hältst es in der linken Hand – der Herzhand – hoch und sagst:

Liebe findet hier ihr Ende.
Ich bin frei, meine Gefühle sind frei.

⑦ Du durchtrennst das Band mit der Schere. Dann nimmst du das gelbe Band, hältst es hoch und sagst:

Liebe werde zu Freundschaft,
Und Freundschaft bleibt.

⑧ Dann legst du das Band um dein Handgelenk und knotest es fest. Du behältst es am Arm, wenn du deinem Urlaubsflirt gegenübertrittst und ihr euch mit viel Feingefühl und Ehrlichkeit die Wahrheit sagt und euch in Freundschaft trennt.

⑨ Du löst den magischen Kreis auf.

MEIN TIPP:
Versuche, ehrlich zu dir zu sein. War euch beiden klar, dass es sich nur um einen Urlaubsflirt handelt? Wenn du das nicht bejahen kannst, sieh dir einmal den Egoistenzauber an und versuche, ihn das nächste Mal rechtzeitig genug anzuwenden!

DU HAST DICH IN JEMANDEN VERLIEBT, DER NICHT IN DER GLEICHEN STADT WOHNT: DER ZAUBER FÜR DIE FERNBEZIEHUNG

Wenn du von deinem Freund getrennt bist, ist Vertrauen umso wichtiger. Leichter gesagt als getan, das ist mir klar. Aber eine Hexe weiß: Vertrauen braucht Selbstvertrauen. Wenn du selber unsicher bist und ständig an dir zweifelst, wird es dir schwer fallen zu glauben, dass dein Freund dich so liebt, wie du bist. Daran kann auch die Distanz nichts ändern. Ein Zauber wird dir helfen, dich ihm nahe zu fühlen.

❶ Schick ihm einfach eine magische SMS! Wir Hexen dürfen uns für unsere Zauber auch der modernen Kommunikationsmittel bedienen. Und was gibt es Besseres für diesen Zauber als ein Handy. Es symbolisiert die Distanz, die zwischen euch liegt, die SMS wiederum schafft die Verbindung zwischen euch und euren Gefühlen.

❷ Du nimmst dein Handy und tippst folgende Nachricht:

<→ @ (Symbol für Apfel)+(Initialen deines Freundes)>

❸ Der Pfeil steht für Amors Pfeil, der goldene, der die Liebenden direkt ins Herz trifft. Der Apfel ist für uns Hexen eine heilige Frucht und wird sehr oft in Liebeszaubern verwendet. Beides steht den Initialen deines Freundes voran, und alles wird von zwei Klammern zu einer Einheit zusammengehalten. Diese Nachricht gibst du siebenmal ein. Sieben ist die heilige Zahl der Venus.

❹ Jetzt gibst du die Nummer deines Freundes ein. Nimm dabei zum Tippen die linke Hand – die Herzhand. Denke fest an ihn. Stell dir euch beide zusammen vor. Versuche dir deine Gefühle in Erinnerung zu rufen, als ihr euch das letzte Mal gesehen habt.

❺ Nun schick die Nachricht ab.

MEIN TIPP:
Selbst wenn du mit modernen Mitteln arbeitest, solltest du doch die Regeln der Kunst beachten. Weihe dein Handy, bevor du es für einen Zauber benutzt! Dazu nimmst du es in die rechte Hand und hältst es in die Höhe. Du sagst:

Element Luft, ich rufe dich.
Auf dass alle negative Energie gebannt werde
Und nur die positive Energie übrig bleibe.
Dies ist mein Wille, deshalb geschehe es.

Dann fährst du dreimal mit der Hand von unten beginnend über das Handy. Damit wäschst du alle negative Energie von ihm ab.

DER TREUEZAUBER

Du hast den Verdacht, dass dein Freund sich für eine andere interessiert – oder vielleicht sogar schon fremdgeht? Das ist schlimm und kann einen ganz schön zermürben. Misstrauen ist wie eine Raupe, die sich in deine Liebe frisst, sie durchlöchert und instabil macht. Und irgendwann bleibt nichts mehr davon übrig. Da kann es nur einen Zauber geben, nämlich einen, der deine Klarsicht stärkt und dein Vertrauen. Und zwar dein Vertrauen in dich selbst! Denn wenn du ständig Angst hast, betrogen zu werden, liegt das im Wesentlichen nicht an deinem Freund, sondern an dir und deinem Selbstvertrauen. Denn die Sache ist doch klar: Falls er dich betrügt, ist er nicht der Richtige für dich. Und falls er dich nicht betrügt, so wird dein ständiges Misstrauen eurer Beziehung nur schaden.
Also sollte dein Zauber auch deine Entscheidungskraft fördern, denn die wirst du brauchen, sollte sich dein Verdacht tatsächlich bestätigen!

Du benötigst:
- **Drei Eicheln**
- **Ein weißes Stoffsäckchen**
- **Ein weißes Band zum Verschließen des Säckchens**

❶ Du ziehst den magischen Kreis um dich und deine Zutaten.

❷ Du nimmst die erste Eichel in die rechte Hand und gehst den Kreis im Uhrzeigersinn ab. Das ist sehr wichtig, denn im Uhrzeigersinn bedeutet in Richtung Sonne. Du beschwörst damit ihre Kräfte für alle positiven Zauber, also die, die die Energien unterstützen, die du mit dem Zauber rufen willst.

❸ Während du den Kreis zum ersten Mal abgehst, sagst du:

Möge mein Herz offen für Vertrauen sein.
Möge meine Seele offen für Vertrauen sein.

❹ An deinem Ausgangspunkt angekommen, legst du die Eichel in das weiße Säckchen, das Reinigung und inneren Frieden symbolisiert.

❺ Jetzt nimmst du die zweite Eichel in die rechte Hand, gehst den Kreis zum zweiten Mal ab und sagst dabei:

Mögen meine Augen klar und deutlich sehen.
Möge meine Seele klar und deutlich sehen.

❻ Du legst auch diese Eichel in das Säckchen und nimmst die dritte und letzte in die Hand. Du gehst wieder den Kreis ab und sagst dabei:

Möge mein Wille stark genug für eine
Entscheidung sein.
Möge meine Seele stark genug für eine
Entscheidung sein.

❼ Du legst die Eichel zu den anderen und schließt das Säckchen mit dem weißen Band. Dann hältst du es in die Höhe und sagst:

Dies ist mein Wille, also geschehe es.

❽ Du löst den magischen Zirkel auf. Anschließend vergräbst du das Säckchen im Garten oder in einem nahen Park unter einem Baum.

Versuche den Zauber zu vergessen, so wenig wie möglich daran zu denken. Dein Geist sollte sich von Misstrauen und Angst befreien. Lebe einfach in den Tag mit deinem Freund. Die Entscheidung wird sich von allein einstellen.

DER LIEBESKUMMERZAUBER

Liebeskummer zu bekämpfen ist selbst für erfahrene Hexen eine sehr schwere Aufgabe. Das liegt daran, dass wir es hier meistens mit komplexen Gefühlen zu tun haben, die in den meisten Fällen auch noch im Widerstreit miteinander liegen: Enttäuschung und Kränkung, Verlust, Einsamkeit, Hoffnungslosigkeit, Reue und oft auch ein wenig Erleichterung. Versuche zuerst herauszufinden, welche Gefühle bei dir überwiegen. Sei ehrlich zu dir selber! Die Spiegelmagie dieses Zaubers tut vor allem deinem Selbstvertrauen gut, das durch Liebeskummer schwer erschüttert ist. Oft ist es aber gut, wenn du anschließend noch einen zweiten Zauber durchführst, der deinem individuellen Kummer gerecht wird, wie z.B. ein Unabhängigkeitszauber, wenn du dich allzu allein, klein und verlassen fühlst.

Du benötigst:
- **Einen Teelöffel Kamille**
- **Einen Teelöffel Anis**
- **Einen Esslöffel Rosenwasser (aus der Drogerie)**
- **Eine Schale**
- **Getrocknetes Johanniskraut**
- **Eine Räucherschale**
- **Einen Handspiegel**
- **Ein Fläschchen mit Vanilleöl**
- **Badezusatz mit Vanillearoma**

❶ Kamille und Anis sowie das Rosenwasser vermischst du in der Schale. Du kannst die Kräuter auch vorher zerstoßen, zum Beispiel mit einem Stößel, dann vermischen sie sich besser mit dem Rosenwasser.

❷ Du lässt das Johanniskraut in der Räucherschale ankokeln, so dass es Rauch und seinen Duft entwickelt.

❸ Du ziehst den magischen Kreis.

❹ Du stellst dich in die Mitte, aufrecht, Arme seitlich am Körper. Schließ die Augen, atme tief und ruhig. Atme in den Bauch hinein, nicht in den Brustkorb.

❺ Dann reibst du den Spiegel mit der Rosenwasser-Mischung ein. So wird der einfache Handspiegel zu einem magischen Spiegel! Dabei sagst du:

Spiegel,
Sieh meine Schwächen,
Sieh meine Stärken.
Sieh, was war.
Zeig mir, was sein wird.
Zeig mir die Stärke, die in mir liegt.
Hilf mir vergessen.
Hilf mir entdecken.

Dies ist mein Wille, also geschehe es.

6 Du schaust in deinen magischen Spiegel und denkst an den morgigen Tag: Was hast du dir vorgenommen? Nichts, was dir wirklich Spaß macht? Dann hole das nach! Denke darüber nach, was du morgen tun könntest. Dann denkst du an übermorgen. Nimm dir auch für diesen Tag etwas vor, was du richtig gern tust. Und das tust du dann für die ganze kommende Woche, so dass dich jeden Tag etwas erwartet, auf das du dich freust.

7 Anschließend nimmst du das Fläschchen Vanilleöl in deine rechte Hand – die Hand des Verstandes – und gehst noch einmal in Gedanken die kommende Woche durch. Versuche dich auf die positive Energie zu konzentrieren, die von dir ausstrahlt, wenn du an deine Pläne denkst. Fühle, wie die Energie aus deinem Körper über deinen Arm in das Fläschchen strömt.

8 Dann stehst du auf und löst den magischen Kreis.

9 Du gehst anschließend sofort in dein Badezimmer und nimmst ein warmes Bad mit Vanillearoma.

Am nächsten Morgen tupfst du dir einen Tropfen des Vanilleöls auf jede Schläfe. Das wiederholst du an jedem Morgen der kommenden Woche. Du wirst sehen, du wirst dich viel wohler und optimistischer fühlen!

MEIN TIPP: *Der Morgenmuffelzauber (s. Seite 58) kann dir zusätzlich helfen, den Tag trotz Liebeskummer beschwingt und mit guter Laune zu beginnen.*

DER ANTI-SORGEN-ZAUBER

Sorgen hat jeder. Auch die, die immer fröhlich und glücklich ausse-hen. Sie zeigen es nur nicht. Sorgen kommen und gehen und gehö-ren zum Leben dazu. Wenn sie sich allerdings einnisten, größer wer-den und schließlich überhand nehmen, dann solltest du etwas dage-gen tun. Als Hexe kannst du erst einmal zu einem Anti-Sorgen-Zauber greifen.

Du benötigst:

- **Eine weiße Kerze**
- **Eine rosarote Kerze**
- **Eine silberne Kerze**
- **Eine Feder**

1 Du ziehst den magischen Kreis um deine Hexenzutaten.

2 Den Kreis gehst du dreimal gegen den Uhrzeigersinn ab. Das stärkt alle Zauber, die etwas bannen oder vermindern sollen.

3 Dann stellst du die Kerzen in einem Dreieck auf. Dabei steht die weiße Kerze an der oberen Spitze, die rosarote an der linken Spitze, die silberne an der rechten Spitze. Die Feder legst du in die Mitte des Dreiecks. Du selbst setzt dich im Schneidersitz vor das Dreieck. Du zündest die drei Kerzen an.

4 Du konzentrierst dich, bis du ruhig und gleichmäßig atmest. Schließe die Augen und denke an deine speziellen Sorgen. Versu-che sie dir so genau und gegenständlich wie möglich vorzustellen. Wenn du zum Beispiel Angst vor einer Klassenarbeit hast, dann führe dir das Blatt mit den Fragen ganz deutlich vor Augen.

5 Du legst beide Hände mit den Handflächen auf deinen Bauch. Dann konzentrierst du deine ganze Aufmerksamkeit auf deinen Bauch. Spüre, wie er sich anfühlt: Ist er verspannt, ist er locker, grummelt er leise? Dann stellst du dir ein helles, warmes Licht vor, das von deinem Kopf aus über deine Schultern in deine Hände ins Freie drängt. Stell dir vor, wie dieser Lichtfluss über deine Hände nach außen sprüht. So drängst du die negative Sor-genenergie aus deinem Körper und tankst neue Energie.

6 Dann öffnest du die Augen, hältst beide Handflächen über die Feder und sagst:

Sorgen sollen diesen Körper verlassen,
Auf dass mein Kopf frei sei,
Mein Herz frei sei
Und ich mich ruhig und gelassen
Der Zukunft zuwenden kann.

Dies ist mein Wille, also geschehe es.

7 Dann nimmst du die Feder und streichst damit dreimal durch den Rauch jeder Kerze, dabei sagst du:

Auf dass das Element Luft
Meine Sorgen forttrage.
Auf dass das Element Luft
Meine Sorgen forttrage.
Auf dass das Element Luft
Meine Sorgen forttrage.

8 Dann stehst du auf und atmest tief durch. Führe diesen Zauber wiederholt durch, falls deine Sorgen schwer sind – bis zu einer Woche, wenn nötig.

MEIN TIPP: *Am besten führst du den Anti-Sorgen-Zauber während des abnehmenden Mondes aus!*

Eine Sache ist sehr wichtig: Wenn deine Sorgen zu schwer für dich sind und du dir keinen Ausweg weißt: Sprich mit jemandem darüber! Eine Hexe ist sich nie zu schade, mit anderen über ihre Probleme zu reden.

DER MORGENMUFFELZAUBER

Morgenmuffelei kann sehr lästig sein, wenn du nicht frei entscheiden kannst, wann du aufstehst. Ein kleiner, aber effizienter Zauber kann dir helfen, die Energien, die dir morgens fehlen, wachzurufen.

Du benötigst:

- **Pfefferminzöl**
- **Einen Duftstein**
- **Eine Schale Wasser, die du am Vortage im Tageslicht hast stehen lassen**

1 Du ziehst den magischen Kreis.

2 Jetzt tropfst du das Pfefferminzöl auf den Duftstein. Dann setzt du dich im Lotussitz – oder Schneidersitz – in die Mitte des Kreises, Hände auf den Knien, Handflächen nach oben, und konzentrierst dich so lange, bis du den Duft der Pfefferminze gut riechen kannst.

3 Du stellst dich aufrecht und atmest tief ein, während du beide Arme langsam gestreckt über den Kopf hebst. Dann lässt du die Arme wieder fallen – ganz nach unten vor deine Füße, indem du den Oberkörper abknickst. Während dieser Bewegung atmest du heftig aus. Diesen Bewegungs- und Atmungsablauf wiederholst du dreimal dreimal (also insgesamt neunmal).

4 Dann nimmst du die Schale Wasser und sagst:

Energie der Sonne, gib mir Kraft,
Stärke mich und mein Inneres.
Strahle durch mich durch den ganzen Tag.

Dies ist mein Wille, also geschehe es.

5 Dann betupfst du dir erst die linke, dann die rechte Schläfe mit dem Wasser und zuletzt die Stirn.

6 Dann wiederholst du den Bewegungs- und Atmungsablauf noch dreimal.

7 Du löst den magischen Kreis auf und kannst deinen Tag frisch beginnen.

DER FETTE-PICKEL-ZAUBER

Pickel sind lästig. Und vergehen wieder! So groß er auch jetzt sein mag, dieser Pickel wird sich nicht auf ewig in deinem Gesicht einnisten. Um seinen Abgang zu beschleunigen, kannst du einen Hexentrick anwenden.

Du benötigst:
- **Kamillentee im Beutel**
- **Eine Schale mit heißem Wasser**

Dieser Zauber wirkt sehr gut abends vor dem Schlafengehen. Führe ihn drei Tage hintereinander durch, und der Pickel wird verschwunden sein.

❶ Als Erstes legst du den Teebeutel in vorher gewärmtes Wasser. Dann nimmst du die Schale mit dem Beutel in dein Badezimmer mit, denn dort kannst du diesen Zauber am besten ausführen. Auch wenn du den magischen Kreis dort nicht ziehen kannst, konzentriere dich dennoch vor deinem Spiegel mit geschlossenen Augen.
❷ Du öffnest die Augen und legst den Teebeutel auf den dicken fetten Pickel. Achte darauf, dass der Beutel nicht zu heiß ist! Du lässt die Kamille einige Minuten einwirken und denkst dabei ganz fest an dein Gesicht, wie es ohne den Pickel aussieht.
❸ Dann nimmst du den Beutel von deinem Gesicht und legst ihn wieder in die Schale.
❹ Du drehst dich mit dem Rücken zum Spiegel, schließt noch einmal die Augen und konzentrierst dich auf das Bild deines Gesichtes ohne Pickel. Dann öffnest du die Augen und sagst:

Fetter Pickel, du sollst nicht leben,
doch meinem Gesicht die Reinheit geben!

Dies ist mein Wille, also geschehe es.

Und schon ist der Zauber beendet, einfach, schnell und gründlich!

DER FETT-WEG-ZAUBER

Du magst dich selbst nicht leiden, bist mit deinem Aussehen, insbesondere mit deiner Figur, unzufrieden? Findest du dich zu dick? Keine Panik! Das kennen wir alle. Zuerst einmal solltest du dir klarmachen, dass das Mädchen aus deiner Klasse, das du so hübsch und schlank findest und das so viel Selbstvertrauen ausstrahlt, sich wahrscheinlich im gleichen Moment die gleiche Frage stellt: Bin ich zu dick? Wir alle finden uns von Zeit zu Zeit von Mutter Natur benachteiligt. Das vergeht. Du solltest vor allem locker damit umgehen und dich in nichts hineinsteigern.

Falls du allerdings tatsächlich weißt, dass du in letzter Zeit ein wenig zu oft bei Schokolade, Pommes frites und Hamburgern zugelangt hast, kannst du dir mit einem Zauber, der deinen Willen stärkt, helfen. So wirst du dich viel leichter für gesundes Grünzeug begeistern können! Und kannst dich endlich aufraffen, ein wenig Sport zu treiben.

Du benötigst:
- **Einen Türkis**
- **Eine Zitrone**
- **Ein kleines Messer**
- **Einen kleinen Handspiegel**
- **Vier gelbe Kerzen**

Diesen Zauber führst du am besten an einem Sonntag aus. Sehr geeignet ist der frühe Morgen, denn er fördert das Freisetzen von frischen und kräftigenden Energien. Kleide dich so, dass du dich richtig wohl in deiner Haut fühlst. Nichts sollte kneifen oder verrutschen, falls du dich dehnst oder streckst.

❶ Du ziehst den magischen Zirkel.
❷ In die Mitte des Kreises legst du den Stein, daneben die Zitrone, das Messer und den Spiegel. Die vier gelben Kerzen stellst du in jeder Himmelsrichtung auf und zündest sie an.
❸ Du setzt dich vor den Türkis in den Schneidersitz. Die Hände legst du leicht auf die Knie, die Handflächen sind nach oben gerichtet.
❹ Atme ruhig und gleichmäßig. Versuche den Atem in deinen Bauch fließen zu lassen.
❺ Schließe die Augen und konzentriere deine Gedanken auf deine geöffneten Handflächen. Stell dir genau vor, wie du die

Energie des Morgens in deine Handflächen aufnimmst. Visualisiere, wie das strahlende Licht der Sonne durch deine Hände in dich fließt.

6 Du öffnest die Augen. Nimm den Spiegel in die Hand und schau dich an. Sprich zu dir und sage dir die drei wichtigsten Dinge, die du unternehmen willst, um gesünder und bewusster zu leben. Sei präzise! „Ich werde Sport machen" ist ein Wischi-waschi-Ziel, auf das du nur sehr schwer deine Zauberenergie konzentrieren kannst. „Ich werde von nun an jeden Morgen mit dem Fahrrad zur Schule fahren" ist ein Ziel, das du visualisieren kannst. Und genau darauf kommt es an, wenn du mit magischen Energien arbeitest!

7 Jedes Mal, wenn du dein Ziel formuliert hast, sagst du:

Ich bin voller Energie und Kraft.
Ich weiß, was ich will und was ich wert bin.
Jeder Tag, der vergeht, wird mich näher zu
meinem Ziel bringen.
Jede Stunde, die vergeht, wird mich näher zu
meinem Ziel bringen.
Jede Minute, die vergeht, wird mich näher zu
meinem Ziel bringen.

Dies ist mein Wille, also geschehe es!

8 Du schneidest die Zitrone mit dem Messer in zwei Hälften. An der einen Schnittfläche leckst du einmal. Mit der anderen Schnittfläche reibst du die Fläche des Spiegels und den Türkis ein.

9 Du nimmst den Türkis fest in die rechte Hand, dann stehst du auf und reckst dich komplett in die Höhe, die Arme ausgestreckt, auf den Zehenspitzen. Dabei atmest du dreimal tief ein und aus.

10 Du schaust nach oben, hältst den Türkis in der geöffneten Hand nach oben und sagst:

Element Luft, ich rufe dich.
Auf dass mein Geist übergehe auf diesen Stein,
Auf dass dieser Stein meinen Willen trage,
Auf dass meine Energie sich verdreifache und
Sich lenken lasse.
Trage diesen Willen mit deiner Energie.

Dies ist mein Wille, also geschehe es.

⑪ Du löschst die Kerzen und löst den Zirkel auf.

⑫ Den Stein trägst du von nun an immer bei dir. Du kannst ihn an einer Halskette tragen, in deinem Portemonnaie oder ganz einfach in der Hosentasche. Wenn du merkst, dass dein Wille schwächelt und die Milchschnitte dich einfach zu verführerisch anlächelt, berühre den Stein und atme tief durch. Seine Energie wird dir helfen.

DER EGOISTENZAUBER

Wenn du nur an dich selber denken kannst, dann heißt das, dass du nicht offen für die Wünsche und Gefühle anderer bist. Du kannst dich nicht in sie hineinversetzen, kannst dir nicht vorstellen, dass Familie und Freunde andere Bedürfnisse haben als du. Ein Zauberspruch kann dir helfen, dich wieder zu öffnen. Solltest du allerdings ganz bewusst die Wünsche deiner Umgebung ignorieren, kann auch ein Zauber dir nicht helfen. Dann solltest du noch einmal überdenken, ob du wirklich eine Hexe sein möchtest, denn ein solches Verhalten widerspricht unseren 13 Grundregeln!

Du benötigst:
- **Einen kleinen Nagel**
- **Eine goldene oder hellgelbe Kerze**
- **Eine kleine Glocke**

Am besten führst du diesen Zauber an einem Mittwoch aus, dem Tag der Kommunikation, des Nachdenkens und der Weisheit.

① Du ziehst den magischen Kreis.

② Dann stellst du dich aufrecht in die Mitte des Kreises. Beim nächsten Einatmen hebst du ganz langsam die gerade ausgestreckten Arme seitlich am Körper an. Auf der Höhe deiner Schultern hältst du an und atmest weiter ein und aus. Halte die ausgestreckten Arme, bis deine Fingerspitzen zu kribbeln anfangen. Dann senkst du die Arme – immer noch gestreckt! – wieder ab. Dies wiederholst du dreimal.

③ Dann setzt du dich auf den Boden, am besten in den Schneidersitz. Du ritzt mit dem Nagel in die Kerze einen Kreis, das Symbol, das alles, was existiert, miteinander in Verbindung bringt. Du zündest die Kerze an und schaust einige Augenblicke ruhig in die Flamme.

④ Anschließend läutest du einmal mit dem Glöckchen. Du konzentrierst dich und atmest ruhig und gleichmäßig.

⑤ Du zeichnest das Pentagramm mit dem Zeigefinger in die Luft, das die Kräfte des Geistes ruft.

Dann atmest du mit geschlossenen Augen einmal tief ein und sagst: GEIST. Du atmest langsam aus und sagst dann: ENERGIE. Dies wiederholst du dreimal.

⑥ Du öffnest die Augen und sagst:

Öffne die Augen meiner Seele
Für das, was jenseits meines Selbst liegt.
Lehre mich zuzuhören,
Lehre mich, meine Intuition zu nutzen.

Dies ist mein Wille, also geschehe es.

⑦ Du klingelst noch einmal mit dem Glöckchen, stehst auf, reckst und streckst dich. Nimm dir ganz fest vor, das nächste Mal auf deine Umgebung zu achten!

DER FAULHEITSZAUBER

Diese Situation kennst du sicher: Du kannst dich einfach nicht aufraffen, etwas zu tun, von dem du weißt, dass du es tun solltest. Die liebe Faulheit steht zwischen dir und der Tat. Dir fehlt einfach die Energie. Ein kleiner, schneller Zauber kann helfen. Ich zeige dir hier die Variante für den Notfall, denn oftmals überkommt uns die Faulheit, wenn wir gerade keine Gelegenheit haben, einen magischen Kreis zu ziehen oder Kräuter zu verbrennen. Schnelles Handeln ist gefragt.

Du benötigst:
- **Einen Pfefferminzkaugummi**

1 Du nimmst den Kaugummi in deine rechte Hand – die Hand des Verstandes – und ballst die Hand zur Faust.

2 Konzentriere dich ganz fest. Stell dir genau vor, was sich ändern würde, wenn du nicht faul wärst. Male dir alles genau aus, bis in das kleinste Detail!

3 Dann sagst du:

Trägheit, verlasse meinen Geist.
Faulheit, verlasse meinen Körper.
Ich banne euch
Mit meinem Willen,
Meinem Herzen und
Meinem Geist.

Dies ist mein Wille, also geschehe es.

4 Dann steckst du dir den Kaugummi in den Mund. Kaue ganz fest darauf herum. Stell dir dabei vor, du „zerkaust" deine Faulheit mit all deiner Kraft! Dann spuckst du den Kaugummi in den Müll und gehst ohne Umschweife an dein Vorhaben.

MEIN TIPP:
Denke nie zu lange nach, bevor du dich an eine Aufgabe begibst, die du nicht gern tust. Wenn wir unserer Faulheit die Gelegenheit geben, wird sie Ausreden finden und die Kontrolle übernehmen. Wenn nicht, behalten wir die Oberhand!

DER UNABHÄNGIGKEITSZAUBER

Du willst endlich auch auf eigenen Füßen stehen und bist es leid, in jeder Kleinigkeit von deiner Familie und der Schule abhängig zu sein? Das kann ich gut verstehen, aber ich rate dir: Geh es ruhig langsam an, Unabhängigkeit muss man auch lernen! Auf dem Weg dahin kann dir ein Zauber helfen. Bei mir hat er gewirkt, als ich noch zu Hause wohnte.

Du benötigst:

- **Eine braune Kerze**
- **Einen kleinen Teller**
- **Ein Kopfhaar von dir**

Führe diesen Zauber an einem Sonntag durch, denn dies ist tatsächlich der Tag der Sonne und fördert Kraft, Energie und Unabhängigkeit. Am besten stellst oder setzt du dich dabei ins Sonnenlicht, um seine Energie ganz aufzunehmen.

❶ Du ziehst den magischen Kreis und setzt dich in die Mitte.
❷ Du nimmst die braune Kerze und hältst sie in beiden Händen. Dann lädst du sie mit deinem Willen auf. Hierzu schließt du die Augen und konzentrierst dich voll auf deine Hände. Spüre, wie sie sich immer fester um die Kerze schließen. Atme ruhig und gleichmäßig. Du sagst:

> *Ich spüre meine Kraft.*
> *Ich werde mich ihrer bedienen,*
> *Soweit es in meiner Macht steht.*
> *Ich werde sie schützen,*
> *Soweit es in meiner Macht steht.*
> *Ich werde meinen Willen stärken*
> *Und niemandem dabei schaden.*

❸ Dann stellst du die Kerze auf dem Teller ab und zündest sie an. Du drückst das Haar in das weiche Wachs. Anschließend löschst du die Kerze und lässt sie abkühlen.
❹ Währenddessen denkst du darüber nach, was du alles anders machen möchtest, wenn du unabhängiger bist.
❺ Bevor du den magischen Kreis löst, gehst du ihn dreimal im Uhrzeigersinn ab. Damit rufst du die Energien der Elemente, damit sie dich in deinen Vorhaben unterstützen.

MEIN TIPP:
Denke immer daran: Deine Unabhängigkeit endet dort, wo die der anderen anfängt! Denke immer daran, wenn du deinen Willen durchsetzen möchtest.

DER PRÜFUNGSANGSTZAUBER

Ich kann mich noch sehr gut erinnern, wie groß meine Angst vor Prüfungen war! Wenn sie dann endlich hinter mir lagen, war alles gar nicht so schlimm gewesen. Und selbst, wenn ich voll danebengelegen hatte, ist die Welt nicht untergegangen. Meine Freunde waren immer noch meine Freunde und meine Eltern hatten mich genauso lieb. Aber vor der nächsten Prüfung war ich wieder genauso aufgeregt. Meine Großmutter zeigte mir damals einen Angstzauber speziell für Prüfungen, der schon bei ihr immer gewirkt hatte!

Du benötigst:
- **Einen dicken Ast**
- **Einen schwarzen Stift**
- **Ein Blatt Papier**
- **Einen Hammer**
- **Einen Nagel**

❶ Du ziehst den magischen Kreis, dieses Mal allerdings mit dem Ast in der linken Hand.

❷ Dann setzt du dich in die Mitte. Du schreibst das Datum deiner Prüfung auf das Blatt Papier. Du schaust es dir genau an und atmest dabei dreimal tief ein und aus.

❸ Dann faltest du das Papier so klein wie möglich, nimmst den Hammer und den Nagel und nagelst das Papierpäckchen auf dem Ast fest. Vorsicht mit den Fingern, halte den Ast dabei gut fest, damit er dir nicht wegrutscht!

❹ Während du hämmerst, sagst du:

> *Wichtig ist das Leben,*
> *Keine Prüfung.*
> *Wichtig ist meine Familie,*
> *Keine Prüfung.*
> *Wichtig bin ich,*
> *Keine Prüfung.*
> *Ich werde mein Bestes geben*
> *Und Bestes erreichen.*
> *Und das Leben geht weiter.*
>
> *Dies wünsche ich. Dies ist mein Ziel.*
> *Also geschehe es.*

❺ Dann löst du den magischen Kreis und legst den Ast einfach wieder in den Garten oder einen Park.

DER SELBSTBEWUSSTSEINS-ZAUBER

Es ist für eine Hexe sehr wichtig, dass sie „sich ihrer selbst bewusst" ist. Das bedeutet, sie kennt ihre Stärken und Schwächen und mag sich so, wie sie ist. Sie freut sich an ihren Stärken und arbeitet jeden Tag ein kleines bisschen an ihren Schwächen. So gut es eben geht . . . Selbstbewusstsein ist sehr wichtig, wenn du dich klein und unbedeutend fühlst. Dieser Zauber hilft dir, wieder zu entdecken, wie wichtig du eigentlich bist!

Du benötigst:
- **Ein weißes T-Shirt**
- **Einen kleinen Handspiegel**
- **Vanilleöl**

Diesen Zauber solltest du bei abnehmendem Mond durchführen, denn der hilft, negative Energien abzuwehren, die dein Selbstbewusstsein stören könnten.

1 Du ziehst das T-Shirt an und ziehst den magischen Kreis. Dann gehst du ihn dreimal gegen den Uhrzeigersinn ab.
2 Du setzt dich in die Mitte des Kreises und nimmst den Spiegel in die rechte Hand. Betrachte dich im Spiegel. Versuche dabei, an nichts zu denken. Das ist schwer, ich weiß. Versuch es einfach. Wenn störende oder merkwürdige Gedanken kommen, lass sie weiterziehen und denke z.B. an eine glatte blaue Fläche.
3 Dann legst du den Spiegel ab und reibst seine Oberfläche leicht mit dem Vanilleöl ein. Tu dies in langsamen, kreisenden Bewegungen. Dabei sagst du:

> Ich kenne meine Schwächen,
> Ich kenne meine Stärken.
> Ich glaube an mich und meine Stärken
> Und weiß sie zu nutzen.
> Ich suche nun das Licht,
> Dass es meine Seele fülle.
> Spiegel, nimm meine Kraft,
> Nimm meine Stärke,
> Ich übertrage dir meine Energie.
>
> Die ist mein Wille, also geschehe es.

④ Anschließend ziehst du das T-Shirt aus und wickelst es um den Spiegel. Du löst den magischen Kreis und lässt das T-Shirt nun über Nacht liegen. Es lädt sich so mit deiner Kraft und Energie auf.

⑤ Am nächsten Tag trägst du dieses Shirt, allein, unter einer Bluse oder einem Pullover.

MEIN TIPP:
Bewahre dieses T-Shirt auf und trage es immer dann, wenn du merkst, dass dein Selbstbewusstsein auf den Nullpunkt sinkt. Du kannst es auch immer wieder neu mit diesem Zauber aufladen!

DER BESTE-FREUNDINNEN-ZAUBER

Diesen Zauber musst du mit deiner Freundin zusammen ausführen. Er stärkt eure Verbindung und kann euch wieder zueinander führen, wenn ein kleiner Streit zwischen euch steht.

Du benötigst:
- **Ein Band in deiner Lieblingsfarbe**
- **Ein Band in der Lieblingsfarbe deiner Freundin**
- **Vier rosafarbene Bänder**
- **Vier rosa Kerzen**

① Du ziehst einen magischen Kreis um eure Hexenzutaten und deine Freundin. Ihr könnt den magischen Kreis auch gemeinsam aufbauen, dann ist der Schutz umso stärker.

② Ihr stellt gemeinsam die Kerzen innerhalb des Kreises auf, eine in jede Himmelsrichtung.

③ Ihr stellt euch einander gegenüber und haltet euch an den Händen, so dass ihr einen Kreis innerhalb des magischen Zirkels bildet. Zwischen euch liegen die Bänder. Ihr sagt gemeinsam:

Freundschaft eint uns,
In guten und schlechten Zeiten.
Wir halten zusammen,
Freundschaft wird uns leiten.

④ Dann setzt ihr euch auf den Boden einander gegenüber. Du nimmst das Band in der Lieblingsfarbe deiner Freundin, deine Freundin das in deiner Lieblingsfarbe, und beide nehmt ihr je zwei rosa Bänder. Wenn ihr beide die gleiche Farbe mögt, umso besser! Das stärkt noch einmal eure Verbindung. Ihr beginnt, die Bänder zu einem Zopf zu flechten, so lange, bis ihr diesen Zopf um euer Handgelenk binden könnt.

⑤ Dann reicht ihr euch gegenseitig die Armbänder und sagt:

Freundschaft und Schutz biete ich dir.
Hör mich, Freundin, komm zu mir.

⑥ Ihr bindet die Armbänder um das linke Handgelenk und löst gemeinsam den magischen Zirkel auf.

Tragt diese Bänder so lange wie möglich. Ihr könnt den Zauber auch regelmäßig wiederholen.

DER ANGSTZAUBER

Du benötigst:
- **Ein kleines Fläschchen Vanilleöl**
- **Einen Bernstein**
- **Eine Tasse mit heißem Anistee**

Dieser Zauber wirkt am besten, wenn du ihn an einem Dienstag und bei abnehmendem Mond ausführst. Dienstag ist der Tag des Planeten Mars, und dieser unterstützt unsere offensive, unsere „kriegerische" Seite. Nun kann man es sich leider nicht aussuchen, wann man Angst bekommt. Oft ist es erforderlich, gerade diesen Zauber schnell oder in einem Notfall durchzuführen. In diesem Falle empfehle ich dir, das Element Feuer zu deiner Hilfe anzurufen. Du zeichnest hierzu das Pentagramm des Feuers mit dem Zeigefinger in die Luft und sagst:

Element Feuer, ich rufe dich. Auf dass du mich
mit deiner Kraft und Stärke füllst.

Dies ist mein Wille, also geschehe es.

① Du ziehst den magischen Kreis und setzt dich im Schneider- oder Lotussitz in die Mitte.

② Du nimmst das Vanilleöl und den Bernstein in die linke Hand. Dann schließt du die Augen und atmest tief und gleichmäßig. Warte so lange, bis dein Atem sich so weit beruhigt hat, dass du auf drei einatmest und auf drei ausatmest. Achte darauf, dass du in deinen Bauch atmest und nicht in deinen Brustkorb. Der Bauch muss sich bei jedem Einatmen schön wölben.

③ Konzentriere deine Gedanken auf das Fläschchen und den Stein in deiner Hand. Stell dir vor, dass deine Hand warm und wärmer wird, bis du schließlich die Hitze ganz genau spüren kannst. Stell dir vor, wie diese Hitze in das Fläschchen Öl und den Stein übergeht.

④ Dann öffnest du die Augen und nimmst drei Schlucke von dem Anistee. Nach jedem Schluck sagst du:

> *Angst, du sollst jetzt weichen.*
> *Ich befehle dir, verlasse meinen Geist,*
> *Mein Herz und meinen Körper.*
> *Ich will es, also sei es.*
> *Ich bin nun ruhig, stark und vertraue meinen*
> *Kräften.*
>
> *Dies ist mein Wille, also geschehe es.*

⑤ Dann tupfst du je einen Tropfen Vanilleöl auf deine Schläfen und löst den magischen Kreis auf.

In den folgenden Tagen gibst du einige Tropfen Vanilleöl direkt auf die Birnen in den Lampen deines Zimmers. So wird sich die beruhigende Energie überall verströmen. Du kannst deine neue Stärke förmlich riechen! Den Bernstein trägst du den ganzen Tag in der Hosentasche mit dir herum und berührst ihn bei Bedarf mit der Hand. Auch er wird dir ständig Stärke und Ruhe geben.

DER SCHLECHTER-SCHLAF-ZAUBER

Wenn du schlecht schläfst, dann hat das immer einen guten Grund. Vielleicht sogar nicht nur einen, sondern gleich mehrere! Die Sorgen des Tages nehmen wir oft mit in den Schlaf hinein, weil wir uns nicht richtig von ihnen lösen können. Sie „spuken" uns buchstäblich weiterhin im Kopf herum. Dieser Zauber hilft der jungen Hexe, sich von negativen Energien zu befreien und den Kopf von Sorgen frei zu bekommen – zumindest für die Zeit einer Nacht.

Du benötigst:
- **Einen Stift**
- **Ein Blatt Papier**
- **Getrockneten Jasmin**

① Du ziehst den magischen Kreis.

② Du schreibst drei deiner drängendsten Sorgen auf das Blatt Papier. Sei dabei ganz offen und ehrlich. Die Sorgen müssen keinen Wettbewerb gewinnen! Es können durchaus „Kleinigkeiten" sein, die aber für dich sehr wichtig sind und deinen Geist beschäftigen.

③ Du zeichnest in die Luft über das Papier das Pentagramm, das negative Geister bannt.

④ Du streust den getrockneten Jasmin auf das Papier und faltest ihn dann so ein, dass ein Dreieck entsteht. Dann löst du den magischen Kreis wieder auf.

⑤ Dieses Papierdreieck legst du über Nacht unter dein Kopfkissen. Wenn du in dieser Nacht einzuschlafen versuchst, denke nicht an dieses Papier unter deinem Kissen. Versuche deinen Geist davon zu lösen.

⑥ Am Morgen stellst du dich an das geöffnete Fenster und faltest das Papier wieder auf. Du pustest den Jasmin hinaus ins Freie und sagst:

Meine Sorgen fliegen frei,
Frieden kehrt in die Seele zurück.
Tatkraft kehrt in den Körper zurück.
Mut kehrt in mein Herz zurück.

Dies ist mein Wille, also geschehe es.

DER ANTI-STREIT-ZAUBER

Ständiger Streit kann einem das Leben sehr schwer machen. Oft steht am Anfang nur eine kleine Unstimmigkeit. Aber die Beteiligten steigern sich in die Sache hinein, versäumen den richtigen Moment, sich zu entschuldigen, und schon gewinnt eine kleine Streitigkeit eine enorme Bedeutung. Du willst den Streit begraben, findest aber nicht den Mut, den ersten Schritt zu tun? Das ist genau die richtige Gelegenheit für einen Anti-Streit-Zauber.

Du benötigst:
- **Drei grüne Kerzen**
- **Einen gelben Stift**
- **Ein kleines Blatt Papier**
- **Ein Feuerzeug**
- **Eine feuerfeste Schale**
- **Einen Krug Wasser**
- **Eine Form für Eiswürfel**

❶ Als Erstes ziehst du den magischen Kreis um deine Hexenzutaten. Dann hebst du die Arme zum Himmel und rufst:

Elemente Wasser, Feuer, Erde, Luft.
Alle vier,
Gebt mir Eure Energie.
Jetzt und hier!

❷ Spüre, wie deine Arme die dich umgebende Energie wie Antennen auffangen und wie sie deine Arme herunterfließt in deinen ganzen Körper. Anschließend gehst du den Kreis dreimal gegen den Uhrzeigersinn ab. Konzentriere dich dabei auf jeden Schritt. ❸ Du stellst die drei grünen Kerzen in ein Dreieck. Die übrigen Zutaten stellst du in die Mitte. Du setzt dich im Schneidersitz vor das Dreieck und zündest die Kerzen an.

④ Du schreibst mit dem Stift auf das Blatt Papier den Namen der Person, mit der du Streit hast. Dann zündest du das Papier an der Kerze links von dir an und lässt es in der feuerfesten Schale verkokeln. Sei aber achtsam dabei, damit kein Funke überspringt oder du dir die Finger verbrennst! Während du den kleinen Flammen zuschaust, sagst du:

Streit und Zwietracht seien für immer gebannt,
Auf dass Offenheit und Verständnis an ihre
Stelle trete.

Dies ist mein Wille, also geschehe es.

⑤ Wenn das Feuer ausgegangen ist, gibst du die Asche in das Wasser. Dieses wiederum schüttest du in die Eiswürfelform.
⑥ Du stehst auf und sagst:

Kälte friere Kälte ein.
Und bringe Wärme, Freundschaft, Liebe hier
herein.

⑦ Du löst den magischen Kreis auf und löschst die Kerzen.
⑧ Dann stellst du die Form ins Gefrierfach deines Kühlschrankes und lässt das Wasser zu Eiswürfeln gefrieren.
⑨ Sobald das Wasser zu Eis geworden ist, nimmst du die Form mit hinaus in einen Garten oder Park. Am besten suchst du dir eine Stelle unter einem Baum aus. Nimm drei Würfel nacheinander in die linke Hand, lass das Eis ein wenig anschmelzen, leg sie auf die Erde und sag bei jedem Eiswürfel:

Hiermit werde Kälte zu Wärme,
Feindschaft zu Freundschaft,
Hass zu Liebe.

Dann lässt du die Eiswürfel einfach zu Ende schmelzen. Die Asche wird mit der Erde eine Verbindung eingehen und so deinen Streit „begraben"!

DER SÜSSIGKEITEN-ZAUBER

Hier gebe ich dir einen schnellen und nützlichen Zauber weiter, den du anwenden kannst, wenn du allzu oft bei Süßigkeiten schwach wirst, obgleich du genau weißt, dass sie nicht gut für dich sind. Dabei kommt deine Hexenfähigkeit in der Kunst der Konzentration voll zum Tragen!

Du benötigst:

- **Getrockneten Rosmarin**
- **Eine Räucherschale**
- **Eine orangefarbene Kerze**
- **Ein Stück deiner absoluten Lieblingssüßigkeit**

① Du ziehst den magischen Zirkel um deine Zutaten.

② Du zündest den Rosmarin in der Räucherschale an und lässt ihn langsam verkohlen, so dass sich ein aromatischer Rauch entwickelt. Rosmarin stärkt die Willenskraft!

③ Du zündest die Kerze an und setzt dich ganz entspannt in den Schneidersitz. Atme dreimal tief ein. Dann nimmst du die Süßigkeit in den Mund. Konzentriere dich auf den leckeren Geschmack. Konzentriere alle deine Sinne darauf. Schließ die Augen.

④ Jetzt stell dir vor, dass das, was vorher köstlich schmeckte, den Geschmack von dem annimmt, was du absolut verabscheust. Für mich erfüllt das unschuldige Gemüse Rosenkohl diesen Zweck. Ich hasse den bitteren Geschmack, seit ich denken kann. Stell dir vor, wie das süße Stück Schokolode plötzlich nach Spinat, Blumenkohl, Austern, Nieren oder Ohrenschmalz schmeckt. Was immer du gerade abstoßend findest.

⑤ Sieh in die Kerzenflamme und spüre noch einmal dem Geschmack auf deiner Zunge nach. Rieche den Rauch des getrockneten Rosmarins.

⑥ Lösche die Kerze und löse den magischen Kreis auf.

Nach dem Zauber bewahrst du die Kerze auf und jedes Mal, wenn der Heißhunger zuschlägt, zündest du sie an, schaust in die Flamme und stellst dir den schlechten Geschmack auf deiner Zunge vor.

DER SCHLECHTE-LAUNE-ZAUBER

Schlechte Laune kann dir den ganzen Tag vermiesen. Du siehst alles grau in grau, und nichts macht Spaß. Du kannst dich selbst nicht leiden, aber findest von allein nur schwer aus diesem Zustand heraus. Aber eine gute Hexe weiß sich auch dann zu helfen!

Du benötigst:

- **Vier rote Kerzen**
- **Rosenöl**
- **Einen Duftstein**
- **Gewürznelken**
- **Rosenblätter**
- **Kleidungsstücke in den Farben Rot, Orange oder Gelb (T-Shirt, Bluse, Hose oder auch einfach Unterwäsche)**

1 Es wird in diesem Zauber schwer sein, einen magischen Kreis um den Ort deines Zaubers zu ziehen, denn dieser spielt sich dieses Mal vor allem in der Badewanne ab. Stattdessen stellst du vier rote Kerzen auf alle vier Ecken deiner Wanne. Falls dies nicht möglich sein sollte, platzierst du sie in die vier Ecken des Badezimmers. Aber Achtung: Die Kerzen müssen unbedingt auf einer sicheren Unterlage stehen! Sonst musst du einfach auf Kerzenschein verzichten.

2 Du lässt die Badewanne mit warmem Wasser voll laufen.

> **MEIN TIPP:**
> Ich rate dir, deine Lieblingsmusik leise laufen zu lassen (nichts Aufregendes, sondern die Art von Musik, bei der du dich besonders gut entspannen kannst).

3 Du träufelst drei Tropfen Rosenöl auf den Duftstein, den du möglichst nahe an der Badewanne aufstellst.

4 Dann wirfst du die Nelken und die Rosenblätter in das Badewasser und steigst hinein. Genieße das schöne, warme Bad und entspanne dich völlig. Atme den Duft des Rosenöls ein. Atme ruhig und gleichmäßig. Versuche deinen Geist zu leeren. Fühle, wie das Wasser die negative Energie von dir wäscht und dich mit positiver Energie füllt.

⑤ Dann stehst du auf und stellst dich vor die Wanne, am besten immer noch nackt, und hebst beide Arme in die Höhe. Du sagst:

Element Wasser, ich rufe dich.
Auf dass alle negative Energie gebannt wird
Und nur die positive Energie übrig bleibt.

Dies ist mein Wille, also geschehe es.

⑥ Danach lädst du das Badewasser mit deiner negativen Energie, deiner schlechten Laune. Dazu konzentrierst du dich, bis du ruhig und gleichmäßig atmest. Dann sagst du:

Auf dass meine negative Energie übergehe
Auf dieses Wasser.
Auf dass das Element schlechte Laune aufsauge,
Auf dass meine positive Energie sich verdreifa-
che und meinen Körper erneut durchströme.
Einzig mein Wille gebe den Anstoß.

Dies ist mein Wille, also geschehe es.

⑦ Du lässt das Wasser ablaufen – und mit ihm deine schlechte Laune –, dann kleidest du dich in Rot, Orange oder Gelb, Farben, die positive Energie und Kreativität fördern.
⑧ Lösche die Kerzen und versuche an eine Tätigkeit zu gehen, die dir wirklich Spaß macht. Die schlechte Laune wird der guten bald weichen!

DER ZAHLENZAUBER

Wenn du Schwierigkeiten hast, eine Entscheidung zu treffen, kann dir der Zahlenzauber dabei helfen. Überlege dabei aber immer zuerst, warum es dir schwer fällt, in dieser bestimmten Frage eine Entscheidung zu fällen. Manchmal wird ein Zauberspruch überflüssig, wenn du dir über die Gründe klar wirst und von ganz allein weißt, was du zu tun hast. Manchmal kann aber auch der Zahlenzauber helfen. Denk aber immer daran, er kann nur einen Anstoß geben, die Entscheidung liegt ganz bei dir!

Du benötigst:

- **Nur deinen Verstand!**

① Bei diesem Zauber musst du keinen magischen Kreis ziehen, du kannst ihn immer und überall ohne Vorbereitung anwenden. Du schließt ganz einfach die Augen und denkst an das Problem, das dich bewegt. Dann öffnest du die Augen, schaust dich um und merkst dir die erste Zahl, die dir auffällt. Das kann alles Mögliche sein: eine Zahl auf einem Werbeplakat, eine Geschwindigkeitsbegrenzung, der Preis einer Kugel beim Eismann. Sollte die Zahl größer als 10 sein, bildest du die Quersumme. Z.B.: eine Kugel 1,20 DM – 1+2+0 = 3. Oder der Aufdruck 250 g auf einem Becher Joghurt = 2+5+0 = 7. Die einstellige Zahl weist dir dann den Weg zu deiner Entscheidung.

② 1 | Augen zu und durch. Nimm all deinen Mut zusammen und geh den Weg zu Ende.

2 | Versuche, so diplomatisch wie möglich aus der Sache auszusteigen. Suche einen Weg, der möglichst niemanden verletzt!

3 | Sei toleranter gegenüber deiner Umgebung, dann wird sich alles viel leichter gestalten.

4 | Denke das Problem noch einmal von Anfang an durch. Ist irgendwo etwas schief gelaufen?

5 | Egal, wie der Ausgang aussieht, für dich wird er positiv sein und neue Möglichkeiten bereithalten.

6 | Wenn du diesen Weg weitergehst, steht am Ende eine neue Liebe oder eine neue Freundschaft.

7 | Lass dich von deinen Gefühlen leiten. Entscheide aus dem Bauch heraus.

8 | Jemand wird sich von außen einschalten und dir bei deiner Entscheidung helfen. Vielleicht ein Freund oder ein Familienmitglied? Wer könnte es sein?

9 | Der Weg wird nicht einfach sein. Du wirst dich durchsetzen müssen!

③ Wenn du deinen Hinweis gefunden hast, denke noch einmal über das Problem nach. Du wirst jetzt viel leichter eine Entscheidung für dein weiteres Vorgehen treffen können.

DER SCHWERE-ENTSCHEIDUNG-ZAUBER

Bei wirklich schweren Entscheidungen hilft der Zahlenzauber nicht, hier solltest du den folgenden Zauberspruch anwenden. Halte dir dabei immer vor Augen, dass wichtige Entscheidungen besprochen werden wollen - mit Freunden, Eltern oder anderen Hexen. Dieser Kerzenzauber kann dir helfen, dir klar über das zu werden, was du wirklich willst.

Du benötigst:
- **Eine schwarze Kerze**
- **Eine weiße Kerze**
- **Einen roten Stift**
- **Ein Blatt Papier**
- **Eine Tasse mit Salbeitee**
- **Eine feuerfeste Schale**

Diesen Zauber solltest du nachts oder am späten Abend durchführen.

1 Du ziehst den magischen Kreis. Dann zündest du die Kerzen an und platzierst die schwarze rechts von dir, die weiße links von dir.
2 Du schließt die Augen und konzentrierst dich. Du atmest ruhig und gleichmäßig. Du stellst dir die Entscheidung vor, die du im Moment gerne treffen möchtest. Dann führst du dir die möglichen Konsequenzen vor Augen. Male sie dir möglichst detailgetreu aus. Wie werden sie dein tägliches Leben beeinflussen? Wird jemand anders als du selber betroffen sein? Wirst du jemandem schaden?
3 Du öffnest die Augen und schaust in die Flamme der schwarzen Kerze. Dann schreibst du die schlechten Konsequenzen auf das Blatt Papier. Du schaust in die Flamme der weißen Kerze und schreibst anschließend die positiven Konsequenzen deiner Entscheidung auf.
4 Anschließend stehst du auf, hebst die Arme zum Himmel und sagst:

> *Die Elemente sollen mir helfen,*
> *Die richtige Wahl zu treffen.*
> *Gewährt mir die Weisheit,*
> *Gewährt mir den Mut,*
> *Gewährt mir die Kraft zu tun,*
> *Was richtig ist.*

⑤ Dann trinkst du den Salbeitee in kleinen Schlucken.

⑥ Du bläst die Kerzen aus und löst den magischen Kreis.

⑦ Dieses Ritual wiederholst du drei Nächte lang, jedes Mal schreibst du die schlechten und die guten Konsequenzen auf. In der dritten Nacht vergleichst du die Zettel: Hat sich etwas geändert? Wenn ja, warum? Nimm dir Zeit und denke darüber nach.

⑧ Dann verbrennst du die drei Blätter, nachdem du sie an der schwarzen Kerze entzündet hast, in einer feuerfesten Schale. Jetzt kannst du deine Entscheidung treffen.

DER HAUSTIERZAUBER

Wenn du ein Haustier hast, willst du es sicher vor allem beschützen. Hunde, Katzen, Kaninchen und selbst Vögel kann man nicht immer im Auge behalten. Ein Haustier-Talisman kann sie auch dann schützen, wenn du nicht in der Nähe bist. Eine Hexe hilft sich da mit einem Schutzzauber!

Du benötigst:
- **Vier schwarze Kerzen**
- **Eine stabile Nadel**
- **Einen kleinen Metallanhänger**

① Du stellst die Kerzen in die vier Himmelsrichtungen und zündest sie an. Du legst die Nadel und den Metallanhänger in die Mitte.

② Du ziehst den magischen Kreis um die vier Kerzen.

③ Du gehst den Kreis dreimal gegen den Uhrzeigersinn ab. So gehst du der Sonne entgegen, und das ist wichtig für alle Abwehrzauber. Dabei sagst du:

Ich verbinde dich mit Schutz und Sicherheit,
Auf dass du nur Schutz und Sicherheit
Weitergibst.
Möge meine Kraft immer mit dir sein.

Dies ist mein Wille, also geschehe es.

④ Dann setzt du dich in die Mitte des Kreises und nimmst den Anhänger und die Nadel. Du ritzt in den Anhänger die Rune „Schutz": ᚦ.

⑤ Dann hältst du den Anhänger noch in der geschlossenen Hand und überträgst durch Konzentration deine gesamte positive Energie auf den Gegenstand. Schließe die Augen, atme tief und ruhig und fühle, wie die Energie wie warmes, helles Licht deinen Arm durchrinnt und über deine Hand in den Anhänger übergeht.

⑥ Du stehst auf und löst den magischen Kreis auf.

Den Anhänger befestigst du an dem Halsband deines Haustieres. Falls das nicht möglich sein sollte, z.B. bei Kaninchen, Vögeln oder manchen Katzen, legst du den Metallanhänger unter den Käfig oder das Körbchen.

MEIN TIPP:
Dieser Schutzzauber wirkt nicht nur bei Haustieren. Auch wenn du ein Familienmitglied oder einen Freund in einer schwierigen Situation schützen willst, aber nicht dabei sein kannst, gib ihm diesen Anhänger mit. Wenn er ihn in der Hosentasche trägt und manchmal mit der Hand berührt, wird ihn deine schützende Energie überallhin begleiten.

DER BÖSE-GERÜCHTE-ZAUBER

Klatsch und Tratsch sind etwas Schlimmes. Manchmal kann man ja noch darüber lachen, wenn man das eine oder andere Gerücht über sich hört. Oft ist es aber einfach nur ärgerlich. Und manchmal richten Gerüchte auch echten Schaden an! Wenn du dir sicher bist, dass eine bestimmte Person Unwahrheiten über dich verbreitet und einfach ihre Nase in Dinge steckt, die sie nichts angehen, dann probiere diesen Zauber aus. Mir hat er schon oft geholfen.

Du benötigst:

- **Drei schwarze Kerzen**
- **Drei blaue Kerzen**
- **Einen kleinen Handspiegel**
- **Einen schwarzen Edding-Stift (nicht wasserlöslich!)**

Versuche, für diesen Zauber deinen Altar oder dein Zauberzimmer ganz in Blau und Schwarz zu dekorieren. Blau repräsentiert Wahrheit und Schutz, Schwarz Umkehr, Auflösung, Schutz und bindet negative Kräfte. Suche dir Tücher und Decken in diesen Farben und lege sie über alle Gegenstände, die rot, gelb oder grün sind. Zieh dir blaue und schwarze Kleidung an.

❶ Du platzierst die Kerzen so, dass immer eine schwarze und eine blaue nah beieinander stehen und die verbindenden Linien ein Dreieck ergeben (zwei an die Spitze und je zwei an die beiden unteren Ecken). In die Mitte legst du den Spiegel.

❷ Du ziehst einen magischen Zirkel um diese Anordnung.

❸ Nun setzt du dich in den Schneidersitz (oder in den Lotussitz, wenn du kannst), Hände auf den Knien, Handflächen nach oben. Du konzentrierst dich. Du atmest ruhig und gleichmäßig. Versuche deinen Geist von allen störenden Gedanken frei zu machen. Das ist sehr schwer, vor allem wenn man, wie du jetzt bei diesem Zauber, Sorgen und Probleme hat. Aber versuche es trotzdem. Verkrampf dich nicht, wenn störende Gedanken kommen, lass sie einfach weiterziehen.

❹ Du nimmst den Spiegel und den Edding-Stift und schreibst auf die reflektierende Fläche den vollen Namen der Person, die die bösen Gerüchte über dich verbreitet (Vor- und Zuname).

❺ Dann zeichnest du mit dem Finger in die Luft über der Spiegelfläche die Pentagramme der vier Elemente, Erde, Luft, Feuer, Wasser, und sagst bei jedem:

> Von nun an sollst du
> Der Wahrheit verpflichtet sein,
> Soll die Kraft der Elemente mich schützen,
> Soll das Böse mich nicht mehr erreichen.
>
> Dies ist mein Wille, also geschehe es.

Erde

Luft

Feuer

Wasser

Geist

⑥ Anschließend malst du mit dem Edding die gesamte Fläche schwarz, übermalst also auch den Namen der Person.

⑦ Jetzt stellst du dich aufrecht hin und streckst beide Arme nach oben. Du wiederholst laut den Namen der Person und lässt dabei immer einen Buchstaben am Ende weg, so lange, bis du nur noch einmal in Gedanken den ganzen Namen sagen kannst. Mit meinem Namen wäre dies zum Beispiel:

Majasonderbergh
Majasonderberg
Majasonderber
Majasonderbe
Majasonderb
Majasonder
Majasonde
Majasond
Majason
Majaso
Majas
Maja
Maj
Ma
M

(und einmal den vollständigen Namen in Gedanken)

⑧ Dann löst du den magischen Kreis auf und löschst die Kerzen.

Ich hoffe allerdings, dass sich niemand in der Lage sehen muss, diesen Zauber mit meinem Namen auszuführen! Böse Gerüchte darf man auch nicht aus Unachtsamkeit verbreiten. Gerade als Hexen glauben wir an die Macht der Worte und unterschätzen sie nicht.

DER ANTI-STRESS-ZAUBER

Du *benötigst*:
- **Ein *Schälchen* mit Wasser**
- **Einige Blätter *frische* Petersilie**
- **Ein Einmachglas**

① Du ziehst den magischen Kreis und gehst ihn anschließend dreimal gegen den Uhrzeigersinn ab. Dabei tauchst du immer wieder die Fingerspitzen in das Wasser, verspritzt ein wenig auf den magischen Kreis und sagst:

Element Wasser, ich rufe dich.
Auf dass alle negative Energie gebannt wird
Und nur die positive Energie übrig bleibt.

Dies ist mein Wille, also geschehe es.

❷ Dann setzt du dich in den Schneider- oder Lotussitz und nimmst die Petersilie in die rechte Hand. Petersilie hat für uns Hexen eine besondere Bedeutung, denn dieses Kraut hilft dir, schwere Gedanken hinter dir zu lassen, und ist daher für einen Anti-Stress-Zauber ideal. Du zupfst einige Blätter ab und zerkaust sie. Den Rest legst du in das Einmachglas. Während du den Deckel aufschraubst, sagst du:

Ich verbanne euch,
Anspannung, Stress und schlechte Gedanken.
Der Glaube an mich und meine Stärke
Soll nicht wanken.

❸ Du löst den magischen Kreis und stellst das Glas auf deine Fensterbank. Schau es dir jeden Morgen an und beobachte, wie die Petersilie langsam verwelkt. Genauso wird dein Stress langsam weniger werden.

MEIN TIPP:
Kaue jeden Morgen ein wenig frische Petersilie. So kannst du die Kraft des Zaubers über eine lange Zeit hinweg aufrecht erhalten.

Dies sind meine persönlichen Zauber.
Beobachte genau, wie sie bei dir wirken.
Überlege, was du ändern möchtest oder
welches Element du hinzufügen möchtest.
Denn jede Hexe sollte ihre eigenen Zaubersprüche und ihr eigenes Buch der Schatten
führen!

WORKSHOP –
SO MACHST DU
DEINE EIGENEN
ZAUBER-
SPRÜCHE

Jede Hexe entwickelt ihre eigenen Zaubersprüche; sei es, weil sie in den überlieferten nicht genau findet, was sie sucht, sei es, weil sie eine gute Idee hat, einen alten Zauberspruch zu verbessern – und vielleicht zu modernisieren! Trau dich, die alten Zaubersprüche sind auch nur entstanden, weil sich einmal eine Hexe ein Herz gefasst hat.

Das Verfassen von Zaubersprüchen musst du üben; keine von uns konnte Zaubersprüche von Anfang an aus dem Ärmel schütteln. Du musst dabei allerdings einige Regeln beachten. Im Folgenden werde ich dir die Grundlagen der Kunst der Zaubersprüche weitergeben. Lies sie dir gründlich durch und versuche, sie sofort einmal anzuwenden. Wenn etwas schief gehen sollte – macht nichts! Du darfst nicht aufgeben, sondern fang einfach wieder von vorne an. Übung macht die Hexe!

DIE 7 REGELN FÜR WIRKSAME ZAUBERSPRÜCHE

① FORMULIERE DAS ZIEL DEINES ZAUBERS IN EINEM SATZ

Sei so präzise wie möglich. Dein Ziel muss in einen Satz passen. Wenn du zu viele Worte benötigst, ist dies ein Zeichen, dass du dir selber noch nicht sicher bist, was du eigentlich mit deinem Zauber erreichen möchtest. Und das führt dazu, dass dein Zauberspruch im besten Falle unwirksam, im schlimmsten Falle sogar gefährlich wird.

Wenn du deinen Zauberspruch formulierst, musst du voll konzentriert auf dein Ziel sein. Je konkreter dieses Ziel ist, desto besser kannst du dich konzentrieren. Und umso besser wirst du deine magische Energie über den Spruch dirigieren können. „Ich möchte erfolgreich sein" lässt deiner Energie völlig offen, in welche Richtung sie sich dirigieren soll. „Ich möchte die morgige Mathematik-Prüfung bestehen" ist ein konkretes Ziel, das du gut visualisieren kannst und das sich deswegen gut für einen Zauberspruch eignet.

② FORMULIERE DEINE MOTIVATION IN WENIGEN WORTEN

Du musst dir über deine Motivation im Klaren sein. Nur so kannst du ausschließen, dass du niemanden heimlich manipulieren willst oder gar jemandem ungewollt Schaden zufügst. Oft verstecken wir unbewusst in ganz „frommen Wünschen" Motive, von denen wir wissen, dass sie nicht ganz astrein sind. Sei also vorsichtig bei Zaubersprüchen, die mit Gefühlen wie Eifersucht, Angst, Einsamkeit zu tun haben. Wenn du dich selber schwach fühlst, solltest du lieber erst einmal einen traditionellen Anti-Angst-Zauber oder einen Selbstbewusstseinszauber deiner Arbeit an deinem eigenen Zauberspruch voranschicken. Magie kann nur wirken, wenn du selber in dir ruhst und dir deiner Gefühle und deiner selbst sicher bist. Darum zaubere auch niemals, wenn du dich krank fühlst. Auch dann kann deine Sicht der Realität verzerrt sein und deine Zauber fehlleiten, im besten Falle unwirksam machen.

> **MEIN TIPP:** Nach Regel 1 und 2 solltest du in der Lage sein, folgenden Satz zu formulieren: „Ich will, dass ..., weil..." So lange du das nicht kannst, solltest du nicht an das Schreiben des Zauberspruchs gehen.

PROBIERE ALLE NICHTMAGISCHEN MITTEL AUS, BEVOR DU EINEN ZAUBERSPRUCH SCHREIBST

Wenn du ein Problem hast, sollten Magie und Zauberei immer das letzte Mittel sein, zu dem du greifst. Oft reicht es, sich einmal in Ruhe zu überlegen, wie ein Ausweg aus einer verfahrenen Situation aussehen könnte. Und dann fehlt den meisten einfach das letzte Quäntchen Mut, den eigenen Entschluss auch in die Tat umzusetzen.

Du solltest deine Probleme auch immer erst mit anderen besprechen, sei es mit anderen Hexen, mit Freunden, mit deiner Familie oder auch mit den Lehrern. Als Hexe weißt du, dass du nicht alleine auf der Welt bist. Auch wenn du dich manchmal so fühlen solltest. Ein schwieriges Problem kannst du nur gemeinsam mit anderen wirklich lösen. Mit einem Zauber kannst du dich dabei allerdings sehr gut unterstützen, z.B. mit einem Mutzauber oder auch einem Offenheitszauber, den du selber geschrieben hast, um einfacher mit deinen Eltern über dich selber reden zu können.

WENN DU DICH KRANK, MÜDE ODER WÜTEND FÜHLST, SCHREIBE KEINEN ZAUBERSPRUCH

Schreibe niemals einen Zauberspruch, wenn du dich schlecht fühlst! Krankheit, Müdigkeit und Wut führen zu einer verzerrten Sicht der Welt, und in diesem Zustand wirst du keinen wirksamen Zauber kreieren können.

MEIN TIPP:
In diesem Falle nimm dir erst einmal Zeit für dich selber. Ziehe einen magischen Kreis nur für dich allein. Setze dich in die Mitte dieses Kreises, in den Schneider- oder Lotussitz, wenn du möchtest, und versuche, dich zu konzentrieren. Atme gleichmäßig und immer ruhiger, bis du beim Ein- und Ausatmen bis vier zählen kannst. Konzentriere dich auf das Zählen und denke nicht an dein Problem. So leerst du deinen Geist und beruhigst dich. Dann erst kannst du an das Schreiben deines Zauberspruchs gehen!

❺ FRAG DICH: STIMMT DAS TIMING?

Das richtige Timing ist wichtig. Dein Energielevel und der deiner Hexenzutaten ist von Tageszeit zu Tageszeit, von Tag zu Tag und von Jahreszeit zu Jahreszeit unterschiedlich. Das ist nicht nur für das Durchführen der Zauber wichtig, sondern auch für das Schreiben der Zaubersprüche. Wenn du einen Zauberspruch schreibst, der dich bei einem neuen Projekt unterstützen soll, ist der frühe Morgen sehr geeignet, denn am Morgen ist deine Energie und die deiner Umgebung frisch, und das wirkt sich auf deine Verbindung zu deinem Zauber aus.

Darüber hinaus solltest du immer bedenken, dass Magie nicht auf Knopfdruck funktioniert. Ein Prüfungszauber am Abend zuvor, wenn du dich Tage vorher nicht vorbereitet hast, wird nicht sehr wirksam sein! Du musst auch hier dem Zauber Zeit lassen, seine Energie voll zu entfalten und die Dinge in deinem Sinne anzustoßen. Hexerei ist nur in seltenen Fällen eine schnelle Lösung. Eine der Ausnahmen ist der Morgenmuffelzauber – der wirkt sofort!

❻ SUCHE DEINE HEXENZUTATEN MIT BEDACHT

Manche Dinge sind besonders gute Träger von bestimmten Energien. Es ist nicht egal, welchen Stein du für ein Ritual verwendest. Der Bergkristall geht zum Beispiel gegen Blockaden an und kann dir daher helfen, wenn du Schwierigkeiten hast, eine schwere Entscheidung zu treffen. Jade hilft bei trüber Stimmung und schützt deine Familie vor Streit (sehr nützlich!). Der Turmalin dagegen unterstützt deinen Intellekt und kann daher bei einem Prüfungs- angstzauber ein besonders guter Träger deiner geistigen Fähigkei- ten sein. In Zusammenspiel mit einem Amethyst, der beruhigt, hättest du schon einmal ein gutes „Team", das die Energie deines Spruches stützen kann.

Es ist also wichtig, diese besonderen Eigenschaften von manchen Materialien - Steinen, Metallen, Hölzern und Farben - zu kennen, um die richtige Auswahl treffen zu können. Ich will an dieser Stel- le nicht genauer darauf eingehen. Wenn du mehr wissen willst, schau einmal zum Ende des Buches. Dort findest du einige Listen und Tabellen, die dir deine Wahl erleichtern werden.

Dann wirst du für jeden Zauberspruch auch andere Gegenstände benötigen, die für dich dein besonderes Problem oder dein Ziel symbolisieren. So kannst du die gewünschte Wirkung deines Spruches schon einmal vorab visualisieren und deine Energie noch verstärken. Ein Beispiel: Willst du zum Beispiel deine Fami- lie wieder näher zusammenbringen, kannst du verschiedenfarbige Bänder nehmen und sie im Laufe deiner magischen Handlung während deines Zauberspruches umeinander flechten. Dann ver- brennst du die geflochtene Kordel, damit nichts und niemand diese Verbindung wieder lösen kann.

DU ZAUBERST IM EINKLANG MIT DER NATUR, DAHER RUFE DIE UNTERSTÜT- ZUNG DER ELEMENTE AN

Die Elemente Feuer, Wasser, Erde und Luft sind für unsere Zau- ber sehr wichtig. Jede magische Handlung kann nur funktionieren, wenn sie im Einklang mit der Natur geschieht und die Kraft der Elemente nutzt.

Jedes Element hat eine ganz besondere Energie. Diese Energie wird die Basis deines Zauberspruchs sein. Auch die Zutaten, die du später für deinen Zauberspruch aussuchst, richten sich nach der Energie des Elements und müssen mit ihm in Einklang stehen.

Welches Element du zu deiner Unterstützung anrufen möchtest, ist abhängig davon, wie du dich fühlst. Du musst dich fragen: Was möchte ich mit meinem Zauber letztendlich erreichen?

Feuer: Steht für Energie, Kraft, Bewusstsein, Aktivität

Wasser: Steht für Beruhigung, Erfrischung, Heilung

Erde: Steht für feste Verwurzelung, Wachstum

Luft: Steht für Intuition, Loslassen, Rückbesinnung

MIT BILDERN ARBEITEN

Wie auch später bei deinen Hexenzutaten darfst du die charakteristische Kraft der Elemente nicht wörtlich nehmen. „Heilung" bedeutet nicht nur „einen Schnupfen loswerden" oder „eine Verstauchung heilen". Es bedeutet auch, dass du dich mit deiner Freundin nach einem Streit wieder versöhnst. Oder deine Eltern streiten sich, und du schreibst extra einen Zauber für sie. Auch da kannst du das Element Wasser anrufen.

> **MEIN TIPP:**
> Stell dir die Kraft der Elemente einmal bildlich vor. Was tut das Wasser, das Feuer, die Luft? Wenn ich meine Zauber schreibe, denke ich daran, wie Wasser etwas hinwegspült, abwäscht. Mithilfe des Elements Wasser kann man sich von negativen Energien befreien. Wasser ist kraftvoll, steht für mich auch für eine reinigende Bewegung, der sich keiner entziehen kann.

Im Gegensatz zum Feuer ist Wasser eine ruhige Kraft. Feuer rufe ich an, wenn ich Power brauche, wenn ich mich in einer Situation zu lange abwartend verhalten habe und nun endlich einmal zur Tat schreiten möchte. Und natürlich in allen Liebeszaubern! Denn Liebe ist nun einmal mit Aktivität und Mut verbunden.

Erde dagegen hilft dir, wieder auf den Boden der Tatsachen zu kommen. Wende es in allen Zaubern an, mit denen du auf lange Sicht denkst, in die Zukunft planst. „Verwurzelung" meint nicht nur das feste Stehen einer Pflanze. Es meint auch, dass deine Projekte auf einer gesunden Basis stehen, dass das, was jetzt noch klein und unbedeutend aussieht, mit der Zeit wachsen kann und groß wird. Erde ist für uns Hexen sehr wichtig, denn wir glauben nicht an die schnellen, kurzfristigen Zauber. Magie braucht immer Zeit. Wenn du mit einem Zauber Energie anstößt, um etwas zu verändern, dann wird die Wirkung sich in den meisten Fällen Zeit lassen, bis sie sich zeigt! Das Element Erde kannst du zum Beispiel sehr gut bei Freundschaftszaubern um Unterstützung bitten, denn deine Freundschaft soll dauerhaft sein, soll auf soliden Füßen stehen. Du willst vertrauen können und dich auch in einigen Jahren noch auf deine Freundin oder deinen Freund verlassen können.

DIE ELEMENTE KOMBINIEREN

In vielen Zaubern ist es gut, die Kraft der Elemente zu kombinieren. Zaubersprüche werden oft für komplexe Probleme geschrieben, die mit einem einzigen Element nicht auskommen.

In Liebeszaubern zum Beispiel rufe ich oft Feuer und Erde gemeinsam an, denn den Liebeszauber einfach auf die Kraft der Aktion zu stellen, wäre nicht klug. Ich brauche auch eine gute Grundlage, eine dauerhafte Basis und Vertrauen, damit die Liebe überhaupt Fuß fassen kann.

Auch ein Zauber gegen schlechte Angewohnheiten kann Erde und Wasser gemeinsam anrufen, wenn du dich mit Hilfe des Wassers von diesen lästigen, aber hartnäckigen Verhaltensweisen befreien willst. Gleichzeitig hilft dir das Element Erde, an deinen guten Vorsätzen dauerhaft festzuhalten.

Wenn du allerdings das Gefühl hast, du musst dich mehr auf dich selber konzentrieren und etwas weniger Zerstreuung und Oberflächlichkeit würde dir helfen, an deinen guten Vorsätze festzuhalten, dann rufe besser das Element Luft an. Luft unterstützt deine Intuition und hilft dir, das herauszufinden, was du wirklich willst.

Du siehst, auch hier ist es wieder notwendig, dass du erst einmal genau über dein Problem nachdenkst. Versuche herauszufinden, welche Kräfte dir bei der Lösung helfen können. Und dann beziehst du sie in das Schreiben deines Zauberspruchs ein.

SO FINDEST DU DEN RICHTIGEN ZAUBER

Du hast dir die sieben Regeln der Zaubersprüche durch den Kopf gehen lassen? Du willst jetzt dazu übergehen, deinen ersten eigenen Zauberspruch zu schreiben?

Dann schreibe zuerst einmal den Basissatz deines Zaubers auf ein Blatt Papier:

Ich will, dass..., weil...

Diesen Satz solltest du dir während deiner Arbeit immer wieder einmal ansehen, um zu prüfen, ob du nicht von deinem Ziel abweichst.

ANALOGIEN NUTZEN

Wenn du zauberst, arbeitest du mit Symbolen. Die symbolische Kraft der Dinge ist in der Magie viel wichtiger als ihre tatsächliche Bedeutung. Das siehst du schon daran, dass du für einen Athame, einen magischen Dolch, auch deinen Zeigefinger nehmen kannst, um mit ihm die Energie innerhalb deines magischen Kreises zu leiten.

Daher führen wir in jedem unserer Zaubersprüche symbolisch eine Handlung durch, die den Weg zu unserem Ziel hin repräsentieren soll. Wenn wir uns von negativer Energie reinigen wollen, streichen wir uns über die Arme und Beine, als wollten wir uns waschen, und schütteln nachher tatsächlich die Negativität von unseren Händen. Oder wir steigen in ein reinigendes Bad und spülen anschließend unsere schlechte Energie den Abfluss hinunter. Wichtig ist, was dabei in deinem Kopf vorgeht. Nur das hat Einfluss auf die Energieströme, die dich umgeben. Und nur das zählt in der Magie.

Wenn du also schon einige Zauber ausgeführt hast, wirst du fest-gestellt haben, dass die Magie mit Analogien arbeitet:

Ich trenne mich von einem Freund = Ich durchtrenne ein Band mit einer Schere

Ich will eine enge Verbindung beschwören = Ich verflechte verschiedenfarbige Bänder

Ich will, dass sich etwas in Luft auflöst = Ich verbrenne etwas

Ich will, dass Hartes weicher wird = Ich lasse Eiswürfel schmelzen

Ich will, dass etwas größer und stärker wird = Ich vergrabe es in der Erde.

Wenn du einmal nachdenkst, wirst du diese Liste sicher ganz allein fortführen können. Eine gute Hexe entwickelt mit der Zeit einen Blick für diese Analogien im Alltag und weiß sie dann in ihren Zaubersprüchen zu nutzen.

Überlege dir einmal eine Woche lang bei jeder deiner Tätigkeiten, welche Symbolik du in ihr für einen Zauber finden kannst. Vergiss dabei auch nicht die modernen Kommunikationsmittel wie E-Mail und SMS. Der Alltag ist eine unerschöpfliche Fundgrube für uns Hexen!

SO FINDEST DU DIE RICHTIGEN ZUTATEN

Als Nächstes schaust du dir noch einmal das Blatt Papier mit dem Basissatz deines Zaubers an:

Ich will, dass..., weil...

DIE KRÄFTE DER HEXENZUTATEN

Dann fragst du dich:
Welche Eigenschaften benötigst du für die Realisierung deines Zaubers? Die Antwort ist sehr wichtig, du solltest dir also Zeit lassen und ehrlich zu dir selber sein. Die Zusammenstellung der Zutaten beeinflusst den Zauber.

Jeder Stein hat seine besondere Wirkung, jede Kerzenfarbe wirkt sich in einem Zauber anders aus, jedes Kraut entfaltet seine speziellen Kräfte. Kein Liebeszauber ist wie der andere, das siehst du schon an der Vielzahl der Zauber, die ich hier in diesem Buch zusammengetragen habe. Jede Situation ist anders, und du selber fühlst in einer bestimmten Situation ganz individuell und anders als zum Beispiel deine Freundin. Gerade aus diesem Grunde solltest du deine persönlichen Zaubersprüche schreiben, die auf deinen Gemütszustand und deine individuellen Ziele abgestimmt sind!

Du suchst also die Zutaten aus, die deinen Wunsch symbolisieren. Wenn du zum Beispiel um Mut und Tatkraft bittest, nimmst du eine Kombination aus gelben (Gelb = Selbstvertrauen, Konzentration, geistige Klarheit) und roten (Rot = außer Liebe auch: Energie, Stärke, Willenskraft) Kerzen. Dazu kannst du in deiner Räucherschale Lorbeer verbrennen (Stärke, Kraft). Wenn du dich für einen mutigen Schritt erst einmal von Hemmungen befreien willst, dann kann es auch ratsam sein, frisches Basilikum zu kauen, denn dieses Kraut befreit von negativen Schwingungen! Ein Hämatit (ein Stein, der das Selbstvertrauen fördert und Mut macht), den du zwischen deine gelben und roten Kerzen legst, wird die gesammelte Energie des Feuers (Kerzenflamme), der Farben und der Kräuter noch einmal bündeln.

AUF DIE RICHTIGE KOMBINATION KOMMT ES AN

Wenn du dein magisches Ziel erreichen willst, musst du sehr oft um mehrere Eigenschaften bitten: Mut und Intuition, Liebe und geistige Klarheit und Gelassenheit, Offenheit und Lernfähigkeit und Kraft. Die richtige Kombination macht den Zauber aus, denn dementsprechend wählst du nicht nur deine Zutaten aus, sondern formulierst auch deinen Zauberspruch.

Bleiben wir einmal bei unserem Beispiel. In diesem Falle wirst du einen Spruch schreiben, der deinen unbedingten Willen ausdrückt, dass Mut und Tatkraft dir bei der Realisierung deines Wunsches helfen. Du wirst dir also entweder die genaue Situation vorstellen, in der du mutig sein möchtest. Dann beschreibst du in deinem Zauberspruch, wie diese Situation verlaufen wird, wenn dein neues mutiges Selbst auftritt. Das könnte so aussehen:

Bei meinem nächsten Streit mit X
Werde ich mutig sein.
Ich werde keine Angst haben.
Ich werde nicht still sein.
Ich werde mich nicht unterordnen.

Bei meinem nächsten Streit mit X
Werde ich tatkräftig sein.
Ich werde handeln.
Ich werde den ersten Schritt machen.
Ich werde mir nichts gefallen lassen.

Dies ist mein Wille, also geschehe es.

Oder du wirst in deinem Zauberspruch deine Wandlung beschreiben. Das könnte dann so aussehen:

Angst wird zu Mut.
Schweigen wird zu Rede.
Erdulden wird zu Gegenwehr.

Ich werde mir nichts mehr gefallen lassen.
Dies ist mein Wille, also geschehe es.

Es gibt viele Möglichkeiten, die Kräfte deiner Hexenzutaten zu kombinieren. Habe den Mut zu experimentieren, bis du die optimale Zusammenstellung gefunden hast. Wenn du fühlst, wie die Energie innerhalb deines magischen Kreises fließt und dich stärkt, dann hast du das richtige „Rezept" gefunden.

DIE HEXENZUTATEN MIT MAGISCHER ENERGIE AUFLADEN

Wenn du dir einen Ablauf für deinen Zauber zurechtgelegt hast, der seine Wirkung symbolisieren soll (etwas verbinden = kleben oder zu einem Armband flechten; etwas in Luft auflösen = verbrennen), dann wählst du auch hier deine Zutaten entsprechend. Das können ganz alltägliche Gegenstände sein: ein Blatt Papier, einige Bänder, eine Blume, ein Stück Tuch, eine Feder. Diese Gegenstände musst du während des Rituals mit deiner magischen Energie aufladen. Erst nachdem du ihnen deine Energie überträgst, werden sie zu magischen Hexenzutaten!

Du wirst schon festgestellt haben, wie ich das in meinen Zaubersprüchen mache. Deine Energie überträgst du vor allem durch Körperkontakt und Konzentration. Du nimmst die Gegenstände innerhalb deines magischen Zirkels in die Hand und konzentrierst dich voll und ganz auf das Ziel deines Zaubers. Spüre, wie die Energie aus Kopf und Herz durch deinen Arm über deine Hand in den Gegenstand fließt. Dann legst du ihn wieder ab und bindest ihn in dein Ritual ein. Das kannst du mit jedem beliebigen Gegenstand machen. Die Hauptsache ist, er übernimmt eine magische Bedeutung in deinem Ritual.

Das Aufladen kannst du auch durch einen Spruch stärken, den du selber schreibst! Zum Beispiel:

Ich übertrage dir meine Freundschaft,
Nimm sie in dich auf.
Trage sie in dir
Und gib sie weiter, wenn ich es will.

So findest du das richtige Timing

Für jeden Zauber gibt es den richtigen Zeitpunkt. Überstürzte Entscheidungen können genauso viel Unglück bringen wie verspätete Taten.

Grundsätzlich kann Magie an jedem Ort und zu jedem Zeitpunkt ausgeübt werden. Aber jeder Zauber hat seinen Zeitpunkt, zu dem er seine ganze Kraft voll entfaltet. Wenn du deinen Zauber an der Tageszeit, dem Lauf der Sterne und den Jahreszeiten ausrichtest, kann er stärker werden.

Deshalb ist Planung für alle Hexen wichtig. Stell dir vor, etwas Wichtiges wird in deinem Leben passieren. Du kannst es voraussehen und weißt genau, welches Problem daraus für dich entstehen wird. Beim Schreiben des richtigen Zauberspruchs solltest du das richtige Timing berücksichtigen.

Jede Tageszeit hat ihre eigene Energie und kann so einem Zauber noch einmal eine neue Wendung geben oder ihn auch besonders wirksam machen. Der Schlechte-Angewohnheiten-Zauber wird besonders gut am Morgen wirken, denn dann ist der Energielevel besonders hoch. Der Morgen bekämpft negative Energien und hilft beim Beginn von neuen Projekten. Die Nacht dagegen fördert deine Intuition, bringt Klarsicht und besonderes Verständnis für deine Umgebung. Liebeszauber wirken oft besonders gut, wenn du sie in der Nacht schreibst!

Auch jeder Wochentag unterstützt spezielle Energien, denn sie werden je einem Planeten zugeordnet. Und dass die Sterne Einfluss auf unsere Zauber haben, wirst du dir denken können. Wenn du dich weiter darüber informieren möchtest, kann ich dir das Buch „Astrotipps für Hexen" von meiner Freundin Maria May empfehlen. Sie sagt dir genau, wie du die Sterne für deine Zaubersprüche nutzen kannst. Für unseren Mutzauber zum Beispiel ist der Dienstag gut geeignet, denn er ist der Tag des Planeten Mars und hilft dir bei Problemen mit Gewalt, mit Konkurrenten und unterstützt Mut und Erfolg.

Die Zyklus der Jahreszeiten beeinflusst unsere Zauber in einem besonderen Maße. Das konntest du dir sicher schon denken, denn wir Hexen leben ja in großer Nähe zur Natur. Der Frühling bringt frische Energien und würde sicher unseren Mutzauber optimal unterstützen. Im Frühling solltest du auch mit dem Ziehen deiner Kräuter beginnen, auch wenn sie im Haus das ganze Jahr über wachsen. Der Sommer lädt dazu ein, Energie zu tanken, laufende Unternehmungen zu kräftigen und Unbeständiges zu stärken. Gut für alle Liebeszauber!

Es ist allerdings sehr schwierig, sich bei seinen Zaubern nach den Jahreszeiten zu richten. Oft müsstest du dann einfach zu lange mit deinem Zauber warten. In der Zwischenzeit hat sich sicher das eine oder andere Problem von selbst erledigt!

Die Kraft des Mondes solltest du allerdings, so gut es geht, in deine Planung einbeziehen, denn sie hat einen ganz entscheidenden Einfluss auf die Energie unserer magischen Handlungen. Beim Schreiben deiner Zaubersprüche solltest du also auf Folgendes achten: Der zunehmende Mond fördert positive Zauber (Liebe, Glück, Wohlstand), Vollmond erhöht die übersinnliche Wahrnehmung (Freundschaftszauber, Treuezauber, Anti-Streit-Zauber), der abnehmende Mond wehrt Negativität ab und beendet schlechte Beziehungen (Trennungszauber, Schlechte-Angewohnheiten-Zauber, Fetter-Pickel-Zauber).

MEIN TIPP:
Du kannst die Energie der Sonne und des Mondes auch zum Aufladen deiner Hexenwerkzeuge nutzen. Dazu legst du sie einfach ins Sonnenlicht oder ins Mondlicht.

Auch hier gilt wieder: Hab den Mut zum Experiment. Probiere einmal verschiedene Wochentage und Tageszeiten aus. Notiere dir die Veränderungen. Beobachte, wann der Energiefluss während deines Zaubers am stärksten ist. Dann hast du das optimale Timing gefunden!

Und so findest du die richtigen Worte

Der eigentliche Zauberspruch ist ein wesentlicher Bestandteil des Zaubers. Mit Worten bündelst du noch einmal die Energie aller Hexenzutaten, der Elemente und deines innersten Willens. Hier wirkt der eigentliche Zauber.

Du schaust dir noch einmal den Basissatz deines Zaubers an:

Ich will, dass..., weil...

Es ist wichtig, dass du in deinem Spruch eine Verbindung zwischen deinem innersten Willen und den Worten herstellst. Das oberste Prinzip ist hier: von innen nach außen.

Um dein Innerstes nach außen zu bringen, musst du deiner Spontaneität vertrauen. Du nimmst dir einen Stift und ein Blatt Papier und konzentrierst dich wie bei einem Zauber oder einem magischen Ritual: Du setzt dich in den Schneidersitz – oder den Lotussitz –, auf jeden Fall solltest du bequem sitzen. Du lässt die Arme locker, Handflächen auf den Knien oder nahe am Körper. Du atmest tief und gleichmäßig. Dabei denkst du ganz fest an dein spezielles Problem. Versuche dir die Situation, die dir am meisten Probleme bereitet, in allen Einzelheiten vorzustellen. Ein Beispiel: Du sitzt an deinem Schultisch, mit den Prüfungsfragen vor dir. Du siehst den Rücken deines Vordermannes, du hörst das Kratzen der Füller deiner Mitschüler auf dem Papier. Du riechst den besonderen Geruch des Klassenzimmers. Die Angst steigt in dir hoch, wieder einmal nichts zu wissen, in Panik zu geraten und zu blockieren. Jetzt sagst du das erste Wort, das dir in den Sinn kommt. Zensiere dich nicht selber, du kannst alles sagen, auch wenn es vielleicht zuerst ein wenig hart erscheint, weil es deinen ganzen Frust über die Situation ausdrückt. Um dieses Wort herum solltest du einen Zauberspruch komponieren, denn es steht in besonderer Verbindung zu deinem innersten Willen.

DEIN ZAUBERSPRUCH MUSS SICH NICHT REIMEN!
Reime finden wir in Zaubersprüchen, damit wir sie uns besser merken können. Sie haben aber nichts mit der magischen Energie zu tun.

DEIN ZAUBERSPRUCH IST AN KEINE STILISTISCHE REGEL GEBUNDEN!

Es muss sich kein spezieles Rhythmus beim lauten – oder leisen – Hersagen ergeben. Du wirst aber merken, dass du beim Schreiben deinen eigenen Rhythmus entwickeln wirst. Du wirst das, was dir wichtig ist, in ganz besonderer Weise betonen. Das kann eine immer gleiche Satzstruktur sein:

> *Ich will stark sein.*
> *Ich will mutig sein.*
> *Ich will mich wehren können.*

oder

> *Gleichgültigkeit wird zu Liebe.*
> *Konkurrenz wird zu Freundschaft.*
> *Und Streit wird zu Harmonie.*

DEIN ZAUBERSPRUCH MUSS SICH GENAU AUSDRÜCKEN!

Du musst deinen Willen unmissverständlich formulieren, sonst läufst du Gefahr, dass dein Zauber ins Leere geht. Das wird oft gar nicht einfach sein, denn es ist nicht selten, dass wir nur sehr vage wissen, was wir möchten. Die Arbeit mit Zaubersprüchen ist auch eine Art der Selbsterkenntnis. Wenn du gezwungen bist, deinen Willen genau auszudrücken, musst du wirklich ehrlich mit dir sein und darfst dir nichts vormachen. Lerne, deine Gefühle zu nutzen! Höre auf sie und versuche, sie nicht irgendwelchen Idealvorstellungen von Freunden oder Familie anzupassen. Es sind DEINE Gefühle und daher für DEINEN Zauber ausschlaggebend.
Denke immer daran: Vage Zauber sind gefährlich, denn ihre Energien können fehlgeleitet werden!

Es gibt verschiedene Arten der Anrufungen in deinen Zaubersprüchen:

Die Affirmation (ich bin stark). Ihre Energie sagt: Das, was du dir wünschst, ist jetzt schon da.

Die Beschwörung deines Willens oder der Energie der Elemente und deiner Hexenzutaten (gib mir Kraft! Lass mich Teil deiner Kraft sein!). Ihre Energie sagt: Das Ziel ist dir klar, du kennst den Weg und benötigst Unterstützung und Hilfe.

Die Bitte um Hilfe (zeig mir den Weg. Hilf mir bei der Suche nach der Lösung). Ihre Energie sagt: Du weißt, was du nicht willst und kennst das Ziel. Du bist dir unsicher über den Weg dahin und benötigst Unterstützung.

Welche Art der Anrufung du wählst, hängt von dir ab. Du bist völlig frei in deiner Wahl. Es ist auch möglich, verschiedene Arten zu verbinden. Du kannst mit einer Bitte beginnen und eine Beschwörung anschließen. Wenn du einen bestimmten Inhalt betonen möchtest, ist es gut, ihn dreimal zu wiederholen. Du weißt ja: Drei ist eine magische Zahl. Durch das Wiederholen „schickst" du die Energie des Spruchs in die Welt hinaus.

DEIN ZAUBERSPRUCH MUSS POSITIV FORMULIERT SEIN!

Dieser Grundsatz ist wichtig. Du wirst oft versucht sein, negativ zu formulieren: Ich will nicht mehr... Schluss mit... Meine Freundin soll nicht mehr... Das kann nicht klappen! Denn in deinen Zaubersprüchen aktivierst du positive Energien; nur diese können aktiv werden, wenn du sie aus dem magischen Zirkel entlässt. Negative Energien drehen sich im Kreis. Du aber willst Energieströme anstoßen, du willst etwas verändern. Das kannst du nur durch positive Formulierungen: Von jetzt ab werde ich... Jetzt fange ich... an und höre auf mit... Ich werde mich gegenüber meiner Freundin anders verhalten, indem...

DEIN ZAUBERSPRUCH ENDET MIT DER AFFIRMATION DEINES WILLENS!

Dein Zauberspruch drückt deinen innersten Willen aus. Nur so kann er seine ganze magische Kraft entfalten. Das sagst du nicht nur für dich selber, sondern auch dem Universum und allen Elemente mit den Worten:

Dies ist mein Wille, also geschehe es.

Du drückst damit deinen Glauben als Hexe aus, tatsächlich etwas verändern zu können, deinen Willen tatsächlich umsetzen zu können. Diesen Schlusssatz kannst du dreimal wiederholen, das stärkt seine Wirkung.

SO LEGST DU DEN ABLAUF DEINES ZAUBERS FEST

Nun legst du nur noch den tatsächlichen Ablauf deines Zaubers, deines Rituals, fest. Dies sollte ein immer gleicher Ablauf sein, denn das stärkt die Kraft der Zauber. Im tatsächlichen Schreiben bist du wie immer frei. Einige Grundsätze solltest du aber beachten:

1. Du reinigst dich von negativer Energie.
2. Du ziehst den magischen Kreis um deine Hexenzutaten.
3. Du platzierst Kerzen und andere Gegenstände, so wie es dem Zauber entspricht.
4. Du entzündest die Kerzen.
5. Du konzentrierst dich.
6. Du lädst die Gegenstände mit magischer Energie.
7. Du vollziehst die symbolische magische Handlung.
8. Du sagst deinen Zauberspruch.
9. Du löst den magischen Zirkel.

Inwieweit du die magische Handlung und deinen Zauberspruch miteinander verknüpfst, bleibt dir überlassen. Wieder einmal ist hier ganz wichtig, dass du deine eigene Persönlichkeit einfließen lässt. Schreib dein eigenes Szenario, wie ein kleines Theaterstück, in dem du ganz aufgehen kannst!

MAGIE BRAUCHT ZEIT

Und damit kennst du eigentlich alle Grundregeln der Kunst der Zaubersprüche. Sicher gibt es noch viele Feinheiten. Vieles kannst du dir anlesen – ein Hexengrundsatz ist ja: Höre nie auf zu lernen! Vieles wirst du aber auch durch einfaches Ausprobieren lernen. Hab keine Angst, vertrau deiner Intuition. Sie wird dich von ganz allein zu den Zaubersprüchen führen, die tatsächlich wirken!

Veränderungen, die wir durch unsere magischen Handlungen anstoßen, brauchen Zeit. Von einem Zauber, den du heute schreibst, darfst du dir keine Resultate erhoffen, die gleich am nächsten Tag sichtbar sind. Beschwörst du mit einem Zauberspruch deine eigene Durchhaltefähigkeit, um zum Beispiel sinnvoll für eine Prüfung zu lernen, wäre es dumm, dies am Tage vor der Prüfung zu tun.

MAGIE BEWIRKT KEINE WUNDER!

Magie arbeitet mit Energien und kann nicht aus nichts alles machen. Sie leitet und beeinflusst schon existierende Energien, die du mit deinem Willen und deiner Konzentration lenkst. Veränderungen brauchen Zeit. Dinge passieren, wenn sie passieren sollen. Halte dir diese Grundsätze immer vor Augen.

Wenn du dir nicht sicher bist, ob dein Zauberspruch funktionieren kann, dann sende mir deinen Zauberspruch per E-Mail: hexe-maja@vgs.de
Ich werde versuchen, dir weiterzuhelfen!

KLEINES HEXEN- LEXIKON

In diesem kleinen Lexikon kannst du die wichtigsten Zutaten
für deine Zaubersprüche finden. Suche sie nach ihren besonderen Eigenschaften aus und kombiniere sie mit Bedacht.

MEIN TIPP:
Führe dein eigenes kleines Lexikon! Vielleicht entdeckst du so ja
auch eine Zutat, die wir Hexen bisher noch nicht kennen!

KERZENFARBEN UND IHRE KRÄFTE

Blau	Wahrheit, Weisheit, Schutz, Innerer Frieden, Treue
Braun	Konzentration, Ausgeglichenheit, Intuition, Wachstum
Gelb	Selbstvertrauen, Konzentration, geistige Klarheit
Gold oder Hellgelb	Wohlstand, Wissen, Glück, Verständnis
Grün	Überfluss, Erfolg, Erneuerung
Indigoblau	Schutz gegen Gerüchte und Lügen
Lila	spiritueller Schutz, Heilung, Urteilskraft und Weisheit
Natur	Harmonie, Gleichgewicht
Orange	Stimulation, Aufmunterung, Durchhaltewillen
Rosa	Freundschaft, Empfindsamkeit
Rot	Energie, Liebe, Mut, Willenskraft
Schwarz	kehrt negative Kräfte um, bricht Blockaden auf
Silber oder helles Grau	Stabilität, Intuition
Weiß	Wahrheit, Aufrichtigkeit

DIE WICHTIGSTEN KRÄUTER UND IHRE KRÄFTE

Anis	stärkt Selbstvertrauen, wirkt gegen Angst
Baldrian	entspannt
Basilikum	befreit von negativen Schwingungen
Bergamotte	innere Ruhe
Bohnenkraut	geistige Klarheit
Brennnessel	Liebe
Dill	Mut, Tatkraft
Estragon	Mut; hilft, den ersten Schritt zu tun
Fenchel	Harmonie, Gemeinschaft
Gewürznelke	unterstützt Freundschaft

Honig	ist kein Kraut, für Hexen aber dennoch wichtig: Energie!
Ingwer	Durchsetzungsvermögen
Jasmin	löst schwere Gedanken
Johanniskraut	Schutz, Heilung
Kamille	beruhigt, Verständnis
Kardamom	vertreibt trübe Gedanken
Knoblauch	vertreibt Hass und Rachsucht
Koriander	hilft gegen Prüfungsangst
Lavendel	Liebe, Geld
Löwenzahn	fördert Klarsicht, reinigend
Lorbeer	Mut, Kraft
Majoran	schützt Freundschaften
Muskatnuss	Wohlstand
Oregano	Kraft
Petersilie	unterstützt Offenheit, Eigenständigkeit
Pfeffer	Motivation
Pfefferminze	Energie, Erfrischung
Rosenblätter	Liebe, Glück im Heim
Rosmarin	Treue
Salbei	Geduld, Durchhaltevermögen
Sellerie	Klarsicht, Durchblick
Thymian	vertreibt schlechte Gedanken und Albträume
Vanille	unterstützt alle Wohlfühlzauber!
Wacholder	schützt gegen Übergriffe
Wermut	für ein dickes Fell, wehrt negative Kräfte ab
Zimt	Verständnis
Zitrone	Freiheit, Unabhängigkeit

DIE WICHTIGSTEN STEINE UND IHRE KRÄFTE

Amethyst	Intelligenz, Durchblick
Aventurin	Glück, Erfolg, hilft gegen Angst
Bergkristall	Frische, Energie, Probleme lösen
Blauquarz	Ruhe, Beruhigung
Dumortierit	gute Laune
Goldfluss	Mut, Kraft
Hämatit	Schutz, wehrt negative Energien ab
Jade	Verständnis, Erkenntnis, Durchhaltevermögen

Jaspis	wirkt gegen Angst, vertreibt Albträume
Katzenauge	Glück, gute Ideen
Koralle	Liebe
Lapislazuli	Intuition, Durchblick
Mondstein	Ausgeglichenheit
Onyx	Heilung, Schutz, Beruhigung
Perlmutt	Freiheit, Eigenständigkeit
Rosenquarz	Liebe, Liebe, Liebe ... und Freundschaft
Schneeflo-ckenobsidian	Freiheit
Sodalith	vertreibt böse Gedanken
Tigerauge	Kreativität, Intuition, Erfolg
Türkis	Reinigung, Offenheit
Turmalin	Kommunikation

DIE TAGESZEIT UND IHRE BEDEUTUNG

Morgen	hoher Energielevel befreit von schlechten Angewohnheiten bekämpft negative Energien jetzt ein neues Projekt beginnen!
Mittag	wandelt Schwäche in Stärke schwierige Entscheidungen treffen inneres Gleichgewicht finden
Nachmittag	niedriger Energielevel Zeit für Zauber, die die Willenskraft unterstützen
Nacht	Energie des Mondes bringt Klarsicht Konzentration, Intuition Verständnis für die Umgebung

DIE WOCHENTAGE UND IHRE BEDEUTUNG

Sonntag	Sonne: Probleme mit Autoritäten lösen, Gesundheit, Kraft, Energie, Geld
Montag	Mond: Wachstum, Fruchtbarkeit (auch im übertragenen Sinne!)
Dienstag	Mars: Mut, Erfolg, Probleme mit Gewalt, Konkurrenten
Mittwoch	Merkur: Kommunikation, Nachdenken, Weisheit
Donnerstag	Jupiter: Gesundheit, Konzentration, Prüfungen
Freitag	Venus: Liebe, Romantik, Schutz, Geborgenheit
Samstag	Saturn: Intuition; Themen wie Krankheit, Tod können jetzt offen angegangen werden

DIE JAHRESZEITEN UND IHRE BEDEUTUNG

Frühling	frische Energie, Kräuter ziehen!
Sommer	tanken von Energie, laufende Unternehmungen stärken, festigen von Unbeständigem
Herbst	Job, Schule, Beständigkeit, Konzentration auf Familie und Freunde
Winter	Besinnung auf sich selber, Selbsterkenntnis, Heilung

Maja Sonderbergh

Das Buch der Schatten

112 Seiten | ISBN 978-3-8025-2850-7 | €10,50

www.vgs.de

EGMONT
Verlagsgesellschaften

Maja Sonderbergh

Hexen Akademie

128 Seiten | ISBN 978-3-8025-2954-2 | €10,90

www.vgs.de

EGMONT
Verlagsgesellschaften

vgs